U0521717

◎本书的出版得到厦门大学南洋研究院"南洋文库"出版项目的资助

古鸿廷 著

东南亚华侨的认同问题
马来亚篇

Identities of Overseas Chinese in Southeast Asia: Essays in Malaya

中国社会科学出版社

图书在版编目（CIP）数据

东南亚华侨的认同问题：马来亚篇 / 古鸿廷著. —北京：中国社会科学出版社，2019.10（2022.7 重印）
（南洋文库）
ISBN 978 - 7 - 5203 - 4947 - 5

Ⅰ. ①东… Ⅱ. ①古… Ⅲ. ①华侨问题—研究—马来亚 Ⅳ. ①D634.333

中国版本图书馆 CIP 数据核字（2019）第 195845 号

出 版 人	赵剑英
责任编辑	宋燕鹏
责任校对	冯英爽
责任印制	李寡寡

出　　版	中国社会科学出版社
社　　址	北京鼓楼西大街甲 158 号
邮　　编	100720
网　　址	http://www.csspw.cn
发 行 部	010 - 84083685
门 市 部	010 - 84029450
经　　销	新华书店及其他书店
印　　刷	北京明恒达印务有限公司
装　　订	廊坊市广阳区广增装订厂
版　　次	2019 年 10 月第 1 版
印　　次	2022 年 7 月第 2 次印刷
开　　本	710×1000　1/16
印　　张	11.5
插　　页	2
字　　数	141 千字
定　　价	58.00 元

凡购买中国社会科学出版社图书，如有质量问题请与本社营销中心联系调换
电话：010 - 84083683
版权所有　侵权必究

原　　序

　　马来亚地区，包括今天的新加坡（星洲）及马来西亚，拥有为数甚多的华侨，这些具有中国血统的人，在第二次世界大战后，由于星、马的先后独立，多半成为居留国的公民，因而不再自称"华侨"，成为"华人"。过去数年，在"国家科学委员会"的资助下，将以往在星任教时所收集的资料及现存档案，相互核对，先后完成有关星马华侨、华人之研究报告数篇，现整理添补，修订成册，蒙联经出版公司总编辑林载爵先生之慨允，出版成书。

　　本书之完成，先后得助理梁荣华、杨志远、蔡丽娟、颜清梅及秦曼仪之协助，特此致谢，但文中所有错误将由著者本人负责。由于作者才疏识浅，所引资料容或未周，而立论抑或有可以訾议之处，仍望方家指正。

　　其中，《新加坡华人政治意识成长之探讨》一文，由作者及颜清梅所共撰，特此声明。

再 版 序

"马来亚"(Malaya)一词,在地理上,意指马来半岛及槟榔屿、新加坡这个区域空间,在政治上,随着英国政治势力的渗入与淡出,这个区域在不同历史时期一再被析构成不同的政体。第二次世界大战以前,英殖民部在此处设立了海峡殖民地、马来联邦及马来属邦等3个行政区,而以新加坡为其首府;第二次世界大战后,英又将此处分设为新加坡自治邦与马来亚联合邦两个政体。移居马来亚的华族在英统治下长达百余年,历经了新、马分治且后分别成立两个国家的历史震荡。

1994年,本人将以往多年有关马来亚地区华族发展的论文,修订合并为《东南亚华侨的认同问题:马来亚篇》一书,蒙时任台北联经出版事业公司林载爵先生协助而出版,尔后多年本书销售罄尽,台湾海峡两岸及新马地区读者不易购阅。2016年夏适逢华侨大学张禹东教授一行来访,经张教授之建议及支持,并得台北联经出版事业公司之同意,将该书以简体字出版。近二十年来,本人已撰写有关马来亚地区华族问题之研究论文多篇,深知原书的多项缺失,但为保留该书原貌,现请东海大学通识教育中心曹淑瑶教授与研究助理全俊豪协助本人将原书中之错别字加以校订,感谢华侨大学陈琮渊教授、康勋及易佳同学对书稿联系及编辑工作的付出。本书幸得厦门大学庄国土教授与暨南国际大学李盈慧教授为本书简体字版作序，厦门大学南洋研究院院长李一平教授玉成，以及厦门大学南洋研究院、中国社会科学出版社的全力支持，同表谢忱。

东海大学

古鸿廷　谨序

2018 年秋

序 一

古鸿廷教授为俄亥俄大学历史学博士，现任台湾东海大学通识教育中心荣誉教授，历任新加坡南洋大学历史系主任、台湾东海大学历史研究所所长、美国哈佛大学东亚研究所客座研究员等职，专攻东南亚华侨华人史，育才无数，著作等身。古氏所著《东南亚华侨的认同问题：马来亚篇》一书，结合档案史料及社会学研究方法，对第二次世界大战后东南亚华侨华人认同变貌进行深入剖析，允为力作，出版后引起东南亚研究及侨史学界重视及探讨，李盈慧教授的书评指此书为华人史研究树立了提问分析的典范。该书原由台湾联经出版事业公司于1994年印行，多年前即告售罄，现版权回归作者，且属意纳入我院"南洋文库"重新修订出版，本人极力推荐此部经典作品再度面市以飨广大读者，为书系添光增彩，并臻两岸学术合作。

厦门大学南洋研究院教授/华侨大学讲座教授

庄国土

2017年5月2日

序　二

古鸿廷教授的大作《东南亚华侨的认同问题：马来亚篇》初由台北联经出版事业公司出版，现在大陆即将出版简体字版，古教授嘱我写一序言。笔者长期运用古教授此书的部分篇章作为教材，深知此书的优点和特色，受嘱之时，不揣浅陋，非常欣喜承担这一工作。

如果要理解此书的特点，必须先认识古教授过往的教学研究经历。古教授留学美国，取得博士学位，后来担任新加坡南洋大学历史系主任，这一经历使他成为南洋华侨史的重要研究学者。

南洋大学虽然设立于新加坡，却是整个南洋地区不同国家的许多华侨共同捐款兴建的。1949年中国发生巨大的政局转变，南洋地区的华人感到"祖国"已然不同，而侨居地则在独立的风潮中，华人希望在自己侨居的地方兴办自己的大学，犹如当年新加坡华侨领袖陈嘉庚创办厦门大学一般。于是由陈嘉庚的同乡晚辈陈六使倡议，号召南洋华人合力捐款，在新加坡成立一所华文大学，此即1955年成立的"南洋大学"。南洋大学成立后，经历许多风波，终究在1980年与新加坡大学合并，成为新加坡国立大学。而原来的南洋大学校园则在后来改设南洋理工学院，后又升格为南洋理工大学。而古鸿廷教授正是亲历南洋大学转变的见证人。

古鸿廷教授作为新加坡教育史、南洋大学兴衰史的见证人，是最有资格记录并阐明新加坡、马来西亚华人史的学者。当然如果只是时代的见证者，那么古教授的这部书最多只是感性的回忆而已；然而更重要的是他个人的学养和严谨的治学态度，才使得这部书大有可观之处。

"南洋大学"从兴办到被合并，不乏政治力介入的痕迹；而政治之影响于新加坡、马来西亚华人则是从第二次世界大战前直至战后，持续不绝。从中国的政治、英国的殖民统治，到新加坡独立时华人与马来人的较劲，在在说明新、马华人的长期困境和认同难题。古鸿廷教授一面关注新、马华人的历史发展，一面深入堂奥，剖析政治与教育的交互作用，最终指向新、马华人的认同困境。

新、马华人民族主义的发展，当然有中国政党从中操作的痕迹，尤其是国民党在新、马的党务活动，以及中国教育内涵和新闻媒体在新、马的扩张，这些活动从而加强了新、马华人对中国的感情投射。中国国民党在国内实行联俄容共政策后，左翼分子纷纷南来，使得新、马华人的群众运动也随之蓬勃发展。面对这一新的情势，英国殖民地政府，尤其是金文泰总督，也展开反制手段，打压国民党的活动。以上的史事经由古教授的梳理、说明和讨论，交织出战前新、马华人的认同实况。

虽然关注的焦点集中在新、马华人，但是本书往往也比对南洋其他地区的华人社会而作出分析。不仅如此，在若干篇章中，古教授抛出诸多议题，发人深省。例如：以往的观点将海外华人视为一个整体，认定他们的反外运动具有一致性，是很不恰当的，南洋不同地区的华人认同问题必须更加细致地分类和剖析；再如：1928—1937年间南洋华人反外运动的研究失之过少，不利于全面地理解华人民族主义之发展，因此有必要加强此一时期的历史研究。

整体观之，本书各章虽是以政治认同为主轴，不过，古教授特别加强华人经济因素的分析，从华人经济活动来探讨华人的政治认同，这观点正是本书别出心裁之处。在讨论到马来亚华人随着中国国内的反日情绪而排斥日货时，古教授一反常情地表示：必须考虑华人的经济情况；华人的反日究竟只是由于中国的民族主义之引导，还是有华人与日本人的经济竞争之因素？再者，为何学术界只研究新、马华人反日而不研究华人反英？真相如何？古鸿廷教授比对了中文、英文、日文的史料，认为以往的华人认同的研究都不乏过度简化的论述。

总之，这部书挑战了许多既定的看法和研究成果，深刻地碰撞了新、马华人认同问题的根柢，至于答案如何，就有待读者细细体会了。

台湾暨南国际大学历史系教授
李盈慧
2017 年 5 月于埔里

目　　录

一　导言…………………………………………………………（1）

二　东南亚华人今昔之初探……………………………………（5）

三　论马来亚华人民族主义运动之研究………………………（23）

四　20 世纪 20 年代星马华侨政治意识成长之研究 …………（39）

五　中国国民党改组后在马来亚之群众运动
　　——以 1927 年之"牛车水事件"为例 ………………（62）

六　金文泰总督(1930—1934 年)统治下的马来亚华侨 …………（79）

七　两次世界大战期间星马华侨反日意识成长之探讨…………（98）

八　星马华人政治与文化认同的困境：南洋大学的
　　创立与关闭 …………………………………………………（116）

九　新加坡华人政治意识成长之探讨 …………………………（136）

参考书目 …………………………………………………………（153）

一 导言

自汉代以降,国人往来于华南、印度之间,连绵不断,但少有定居于异域者。19世纪下半叶,欧洲列强为开发其东南亚地区之殖民地,积极招募华工助其开发,而清廷在英法联军之役后,被迫放弃以往之海禁政策,准许华工前往海外,以及我国与东南亚各地间定期轮船航线之建立,促进了华南地区向东南亚地区的大量移民。由于英属殖民地对华工之待遇较荷属东印度群岛及菲律宾等地为佳,而马来亚地区之橡胶种植业及锡、铁矿之开发又需大量人力,故华工前往英属马来半岛之人数远较东南亚其他地区为多。

16世纪西方势力尚未进入东南亚前,华侨在马来亚之经济活动,集中于帆船贸易,利用季风往返于中国与马来亚之间,以中国商品换取马来亚土产。数百年以来,海上贸易使部分华侨累积了不少财富,逐渐转化商业资本为农业、矿业及工业资本,蔓延进入各行业,不过商业资本显然仍占最大比例。华侨商业资本的投资,可分为对内贸易之批发商、零售商,及对外贸易之进出口商。就对内贸易而言,华侨扮演中介商之角色,在对外贸易方面,华侨多注重于马来地区内各地间之土产交流及马来亚与中国间之贸易,能将各地土产直接运往欧洲者,数量极其有限。

英属殖民地之经济结构大致呈金字塔形，分为三个层次，最低层为占绝大多数之土著，从事农业生产，中层为华侨，居中间地位，其任务一方面为收集农村土产，运往外地乃至外国市场，另一方面则将西方工业产品，分销于土著；最上层为人数最少之英国人，凭其财力及政府之支持，控制外洋运销与金融事业。

马来亚华人为一复杂之群体，部分华人已定居马来亚达一二百年，且部分已与当地土著妇女通婚，生下混血儿，这类土生华人，被称为峇峇，亦称为海峡侨生。他们在西方文化、土著文化与传统中华文化相互冲击下，成为一混有各文化之特殊群体，在政治上，倾向对当地政治之参与。另一大部分为华人，则为近数十年自中国华南地区移居马来亚之新移民及其后裔，不但保有中国之传统文化，且不认同居留国之社会，在政治认同上，倾向中国，且常自称为"华侨"。

清末，为因应西力东渐后之新局势，清廷在马来亚地区设置领事馆，派遣文武官员抚慰侨胞，企图争取华侨对其效忠。以康有为、梁启超为首之保皇党与以孙中山先生为首之革命党，亦活跃于马来亚，争取马来亚华侨之支援，保皇、革命两党皆积极创办华文报纸，设立书报社，宣传其政治主张。在清廷、保皇党及革命派三大力量冲击下，马来亚侨胞之政治意识逐渐兴起。

国民政府成立后，对马来亚华侨的争取更是不遗余力，除在星马地区设立领事馆外，并且经常派遣官吏前往马来亚抚慰与视察，执政之中国国民党更在各地成立支部，组织侨胞，发动许多爱国运动，支持华文教育之发展。加上中国国籍法规定，凡具有中国血统之人，不论其出生地，皆视为中国国民。因此，经由文化之认同，马来亚华侨甚易对中国产生政治认同。马来亚华侨对中国之政治认同，自然对英殖民地统治产生有形与无形的威胁，引起殖民地政府对马来亚华侨政治活动之猜忌与压制。

第二次世界大战结束后，由于东南亚各地之土著民族主义运动蓬勃，殖民地纷纷独立，新加坡与马来西亚先后成为独立国家。另外，中华人民共和国的建立及冷战的发展，使得中国前往马来亚地区之移民中断，许多侨居马来亚之华侨，在取得当地公民权后，成为"华人"或"华裔"，不再以中国之侨民自居。新独立的新加坡及马来西亚更是极力摧毁当地华族倾向中国之政治意识。新加坡的华族，不再用"华侨"这称呼，固然因为在用华侨这个名词时，隐含有不把新加坡当作独立自主国的意思，更重要的是新加坡当局，在洞察周围之政治、经济与社会环境后，唯恐"华侨"一词会为新加坡带来困扰，因为新加坡境内除马来人、印度人及白种人外，有75％的人口具有中国血统，而新加坡却位于马来民族占多数的印度尼西亚与马来西亚两国之间，为促进与邻国的关系与团结境内之各民族，"华人"这个名词只当作社会成员血统的分类，而不涉及任何政治意识。为消除邻国的猜忌，新加坡主政者，采用马来语为其"国语"，国歌亦以马来文撰写。此外，因新加坡之统治领导阶层，泰半出身于"英语教育"源流，循英国殖民地政府之惯例，采用英语为该国的"工作语言"，举凡公共场所之标识，政府各部门之公告、通知、文件、表格，都用英语。新加坡政府为保存中国传统文化，促进华族各方言群间之沟通，曾大力推展"讲华语运动"，但成效不彰，华文教育逐渐萎缩。在政府大力诱导下，新加坡境内的"中国人"已完全成为"新加坡人"，如果有人称新加坡为另一个"中国"，马上会遭到反驳。

马来亚华族也面临一个难题，由于土著民族主义之高涨，独立后之马来西亚，在宪法及各项法令上，明白授予马来土著特殊政治地位。华族人士，即令出生于马来亚，虽已具马来亚公民权，但其政治地位远较马来人为低，在公立大学受高等教育的机会更因歧视而比马来人为少，而马来西亚政府又不准当地华人设立华文大学，以致华人子弟必须前往他国接受教育，对于中国大学的学位，马来西亚政府亦不予承认。

由于马来西亚政府既不愿在政治上平等对待其境内之华人，又因本身之文化背景及马来人与华人在人口数目相当接近，无法完全同化华人，故在马来西亚之华人与当地马来土著之间的紧张情势，一直持续，唯恐新加坡华人的"种族沙文主义"引发其境内的华人对当地政局的不满，对马来西亚政府发起抗争。

与新加坡为邻的马来西亚，对新加坡的政治、社会或经济发展，都密切注意，新加坡与中国大陆或台湾地区关系稍微靠近时，马来西亚政府便会发出不得发展"华人沙文主义"的警告。新加坡（简称星洲）与马来西亚间的政、经关系，也常因马国境内华人对政治、经济或发展华文教育的要求，时弛时紧。这两个海外华族最具影响力的国家，因境内华人人数众多，在经济上关系密切，但又因恐"华人沙文主义"发展而相互猜忌、防范。身为这些华人、华裔祖国同胞的我们，在了解这些身在异乡而具中国血统的同胞之艰难处境后，或许将不再强求他们继续对我国作政治上的认同，而愿祝福他们能在当地"落地生根"。

二　东南亚华人今昔之初探

1. 前言

自汉代以来，我国派遣使节乘帆船，从广东沿岸商港启程，沿海南下，经泰南与缅南，转往印度，用以物易物的交换方式，将中国之"黄金杂缯"换成东南亚之"明珠、璧琉璃、奇石异物"[①]。此后，我国与东南亚各地之使节往还，断断续续，历久不衰。至于往西天求法之僧侣，若从海路前往印度，东南亚是必经之道。自东晋高僧法显从印度渡海东归以后，由海陆两路往西天求法的中国高僧，络绎于途，连绵不绝[②]。不过，早期履足东南亚各地之使节与高僧，都仅路过此地而已，并未定居。到宋以后，中国与东南亚间之海上帆船贸易，逐渐扩展，直至19世纪末叶，帆船贸易才渐趋式微。

1870年后二三十年间，西方列强扩大其于东南亚之侵略，经近百年之发展，欧洲之资本主义已相当发达，为掠夺原料及开拓市场，各国政府一面努力于殖民地之安定，以便提供经济

[①] 见《汉书》卷二十八下《地理志》第八下，中华书局1962年版，第1671页。
[②] 冯承钧：《中国南洋交通史》，商务印书馆1937年版，第三、四、七章。

开发之有利条件，同时也鼓励剩余资本，前往东南亚各地。由于资本与劳力为构成地方发展的两大因素，因而殖民地政府积极招取外来移民，以提供廉价劳工。

清廷于中英《北京条约》中，扬弃以往之海禁政策，准许华工前往海外。东南亚各国政府对劳工需求之殷切，我国移民政策之放松，以及我国南方港口与东南亚各地定期轮船之往还，促成华南地区居民往东南亚大量移民。

20世纪初期，东南亚之经济成长迅速，华南移民浪潮也就到达巅峰状态。东南亚华人人口激增，社区组织随之庞杂，经济活动呈现多样化，政治意识渐趋浓郁，文化事业蓬勃发展。此种情形，到30年代初期开始，有所变化。30年代世界经济恐慌之阴影，笼罩全球，影响所及，东南亚各地经济衰退，百业凋敝，市况萧条，各国政府遂实施移民限制条件，移民受到阻遏。第二次世界大战后，东南亚各地纷纷摆脱殖民地政府控制，宣告独立自主，移民限制条例更为雷厉风行，此后东南亚华侨人口之繁衍，大多来自自然增殖。

战后以来，东南亚华侨的处境，迈进了一个充满挑战性的纪元。在这个阶段里，许多当地政客把华侨视为经济剥削者，剥夺了当地土著的生计，阻碍了当地的经济发展，从而立法掠夺华侨的经济权益，动摇了华侨在当地长年来苦心建立的根基。在某些国度里，排华运动此起彼伏，摧毁华侨之生命与财产。与此同时，当地一些华族政客，亦认为华侨之传统社会组织与文化发展，助长华族对中国本土之效忠意识，窒息华族认同于当地社会之思想，于是提出同化论调，企图彻底摧毁华族传统意识与社会组织。为求对东南亚华侨有进一步了解，可从其经济活动、社会组织、政治活动等方面作进一步之探讨。

2. 华人经济活动

在16世纪西方殖民势力尚未进入东南亚之前，华侨于东南亚之经济活动，集中于帆船贸易。利用季候风往还于中国与东南亚之间，以中国商品换取东南亚土产①。数世纪以来，海上贸易使部分华侨积聚了不少财富。由贸易之原始累积，逐渐转化为商业、农业、矿业及工业资本。

华侨之经济活动，虽渗透进各行业，但商业资本显然占最大比重。现今虽然无确切统计数字，但史家 N. A. Simoniya 却为此残缺部分提供一些资料②。基本上，殖民地经济结构，分为三个层次，大致呈金字塔形。最低层为占绝大多数之土著，殖民地政府蓄意将其束缚于农村，从事农业生产。中层为华侨，居中间人地位，其任务一方面为搜集农村土产，转运国外市场，另一方面将西方工业产品，分销于土著。最上层为人数绝少之欧洲人，凭其财力及政府之庇护，垄断庞大商业机构，如外洋航运与金融事业，控制殖民地之经济活动。因此，华侨商业资本之投资可分为两方面，即对内贸易之批发商与零售商，及对外贸易之出入口商。就对内贸易而言，华侨扮演中介商之角色。

在对外贸易而言，华侨之出入口商，直接促进东南亚各国

---

① 关于五代以前中国与东南亚的海上贸易，可参阅 Wang Gungwu, "The Nanhai Trade," *Journal of the Malayan Branch of Royal Asiatic Society*, Vol. 31, Part 2 (June 1958), pp. 71–112.

② 从战前及战后东南亚若干国家的人口调查资料可证实这一点。例如，1930年爪哇及印尼外围岛屿的从商华人人数，分别占从业华人总数的57.6%与23.1%；1931年缅甸的华族商人占当地从业华人总数41%；泰国的华族商人在1937年、1938年及1939年占华人从业总数比例是87%、68%与49%。见 N. A. Simoniya, *Overseas Chinese in Southeast Asia: A Russian Study* (Ithaca, New York: Cornell University, 1961), p. 57.

间之土产交流，同时亦将东南亚土产运往远东市场。至于将土产直接输往欧洲者，数量有限。

华侨之农业资本较小。在20世纪以前，主要分布于茶叶、咖啡、甘蔗与香料之栽植。自20世纪起逐渐栽植经济作物，如橡胶、椰子与油棕等，不过由于财力薄弱，其农园规模多半甚小。华侨工业资本则集中于农产品之加工。加工之主要成品为白米、木材、蔗糖、食油、橡胶及其制成品。华人矿产活动，则以开采锡矿为主，集中于马来西亚、印尼与泰国。

19世纪中叶以前，西方私人企业资本尚未涌入东南亚，华侨资本虽然薄弱，但却能独当一面。但自19世纪下半叶之后，西方资本大量涌入东南亚各地，其活动面之广，囊括工农商业、金融业与运输业。其雄厚之财力与科学管理技术，远非华族所能比拟，华族资本遂成为西方资本主义之附庸，依赖西方资本而存在，此种主从关系一直延续至1929年之世界经济大恐慌。在大恐慌冲击下，华族企业纷纷倒闭。华族资本家因而领悟到完全依赖西方而生存之危险性，遂逐渐将资本转移至消费品工业（如胶鞋、轮胎、胶管、椰油、罐头食品、碾米业及棉织品等），因为此种制成品之主要市场为星马本地，不甚受到世界物价波动之影响。

华侨之社会结构深深影响其经济活动。华侨社会结构，主要建立于地缘与血缘的基础，属于同一宗族或区域的群体，相互提携与扶掖，因此在经济结构上便出现了某一行业由同一群体垄断的现象。这种情形阻遏了华族资本走向近代资本主义[①]。华族之企业经营，重视宗族与同乡关系。雇主极力聘用亲朋戚

[①] N. Uchida, *The Overseas Chinese: A Bibliographical Essay* (Stanford: Stanford University, 1959), p. 47.

友,这种忽视人才的作风,造成许多无谓开销,限制企业发展,因而无法与西方企业竞争。华族企业之忽视人才,也导致组织松弛,从而阻碍业务之跃进。

第二次世界大战之后,许多政客为达到政治目的,过分渲染华族在所在国之财富,诬蔑华侨控制所在国的经济,剥夺土著的经济利益,此种指责相当不符事实,据美国学者H. G. Callis 之统计,在第二次世界大战前几年,除了暹罗以外,西方资本家在东南亚各国的投资额还比华侨的来得大,证实了华人的经济剥夺论是不能成立的。

战前华侨之经济活动既为东南亚经济网重要之一环,其经济活动虽未受殖民地政府之庇护,但大体上来说,也未受到抑制或摧残。殖民地政府亦听任华侨传统社会结构自然发展。至于中文教育,除星马政府于20世纪20年代严加管制,泰国自30年代末期銮披汶当政后对中文教育横加摧残外,中文教育之生机仍枝叶繁茂。然而战后四十年来,随着东南亚国家的独立,这种情势已大大改变,中文教育面临严重之挑战。

战后东南亚国家的一些政客,曾高唱"经济爱国主义"(Economic Nationalism)的论调,其最终目标为摆脱外人对当地经济之控制,谋求经济独立。在"经济爱国主义"口号下,华族成为被攻击之目标。华侨被视为垄断当地经济、侵犯土著权益之罪魁,政客以"经济爱国主义"为工具,作为赢取群众支持之政治资本,依仗政治力量优势,立法限制华人之经济活动。

在泰国,远在1938年銮披汶当政后,便颁布了一连串限制华人经济活动之禁令。这些营业包括碾米业、盐烟业、水陆交通业、捕鱼业与燃油业。1942年,泰国政府又颁布"保留泰人职业法令",1952年把限制外侨的职业范围加大,1958年,乃沙立的军人政府变本加厉,扩大保留泰人职业的种类。迨至乃他侬军人政府倒台，临时革命政府执政后，复于1972年颁布管制外侨行业法令，其范围包括农工商业及服务业①。在中南半岛，法国殖民地政府对华人并未限制，但战后情势改变，1956年，南越吴廷琰政府颁布了禁止外侨经营十一种商业之法令。同年，柬埔寨政府也颁布法令禁止外侨经营十八项行业。

华人在缅甸处境更为恶劣，在1962年奈温军人政权执政前，缅甸政府已将若干企业逐步国有化，但鉴于国内资本薄弱，土著欠缺工商业之经验与技能，手段颇为和缓。但自奈温执政，缅甸趋向社会主义，积极推行国有化政策并限制外侨经营，运输业与娱乐事业，私营商店与金融业都遭解体，外侨中华侨首当其冲，生活顿失依靠。

在印度尼西亚（以下简称"印尼"），华人之经济活动亦受严格限制。1959年印尼政府宣布爪哇乡村由外侨经营之零售业，必须于短期内结束经营，由印尼土著接收，但政府并未给外侨适当赔偿，华人数世纪以来于乡村建立起来之传统基业，一夜之间，全部付诸东流。华人经营之运输业与工厂，亦因政府不再核发新执照，无从扩展。为使印尼土著能有与外国投资者合作之更多机会，印尼政府禁止华人与外资联合经营工商业。而已与外国投资厂商合作之华族商人，须将其"百分之五十"股份售予印尼土著。

菲律宾政府之种种菲化法令，亦将华人排出传统经济圈外。零售商菲化法案，剥夺华人经营零售机会；米黍菲化案，将华人过去建立米黍业根基，连根拔除。劳工菲化案，使大量华籍劳工失去工作；此外，银行菲化、专门职业菲化等等，更使华

---

① 然而，由于许多华侨先后归化泰国，甚至采用泰国姓名，故所受到的实际损害尚不算太大。

人处境恶劣。

3. 华人政治活动

东南亚华人为一复杂结合体。部分华人已定居东南亚达数世纪，且部分已与当地土著妇女通婚，产下混血儿。土生华人，于星马称为 Babas 或 Strait-born Chinese，印尼为 Peranakan Chinese，泰国 Lukjin，菲律宾为 Mestizos，于越南则称为 Minh-ha-ong（明乡）。数世纪以来，于西方文化、土著文化与传统中华文化交互冲击下，成为一各文化之结合体。于政治意识表现上，对中国国内政治较冷漠，对当地政治较热衷。另一部分华人则为近数十年自中国移居来之新移民及其后裔，仍保有传统之中华文化，并不认同居留国之社会。于政治意识上，热衷于我国之政治，对当地政治却漠不关心。

华人社会不同群体表现出不同之政治意识，王赓武教授企图将不同政治意识之华人分为三大群体，虽然东南亚各国华人之历史发展、社会结构与政治意识并非完全一致，但以三群体去探讨东南亚华人仍不失为一良好指标。

第一个群体之华侨直接或间接与中国本土政治发展相联系，关怀祖国政治发展。第二个群体采取较现实之政治态度。第三个群体为土生华人，则不关心中国之本土政治，而参与殖民地政府或当地之政治活动①。

19 世纪之际，东南亚华人之社区大致并不庞杂，华侨多半

---

① Wang Gungwu, "Political Chinese: An Aspect of their Contribution to Modern Southeast Asian History," in Bernhard Grossmann ed., *Southeast Asia in the Modern World*, p. 117 及 "Chinese Politics in Malaya," *The China Quarterly*, No. 43, pp. 5–6.

为文盲，为谋求生存而克勤克俭，只具浓郁乡土气息与宗教观念，缺少政治意识。然而，第一群体之华人，亦已表现其政治态度与活动，通过私会党组织，隐约地表现反清与反传统之情绪，然以生为中国人而自豪。至于第二群体之华人，孜孜追求名位，聚集不少财富，其中不少且向清廷购买官衔，用以提高其社会地位，实际上，却缺乏明晰之政治效忠对象。然而，清楚划分第一与第二群体相当困难，因第二群体中之部分领袖，同时表现多方面之政治态度与活动，一方面与土著统治及殖民地政府挂钩，另一方面又活跃于华人私会党组织。第三群体则大多吸收西方与土著之文化，逐渐消失华人固有之传统特质，投身于当地土著或殖民地政府政治活动，协助统治者治理华人，此种情形，以泰国、星马与荷属东印度群岛最为显著。

19世纪末与20世纪初四十年间，由于内外因素之刺激，东南亚华人之政治意识越来越浓郁与多样化。所谓内在因素，即在西方殖民政治统治下，华人遭遇到虐待与歧视，苛捐杂税，行动自由受限制，其中尤以荷属东印度群岛之华人处境最为恶劣。渴望强大祖国在当地派驻领事，或通过外交途径，保护侨民之经济利益与人身安全等愿望，刺激其对祖国政治兴趣之产生。所谓外在因素，则包括清廷对海外华人态度之转变，清末，清廷除竭力设置领事馆外，更派遣文武官员抚慰海外侨胞，企图争取海外华人对其效忠[①]。与此同时，以康有为为首之保皇党与孙中山为首之革命党，在20世纪初十年，更在东南亚各地展开活动，争取东南亚华人之支援。保皇、革命两党积极创办中文报章，并设书报社。由于两党政治思想迥异，导致激烈之文

[①] 见崔贵强《晚清官吏访问新加坡》，《南洋学报》第29卷，第一、二期（1974），第15—29页。

字争论，因而对东南亚华侨政治思想之启蒙，产生极大之冲击[①]。国民政府成立后，对东南亚华人之争取更不遗余力。除在东南亚各地驻派领事外，更经常派遣政府代表至东南亚抚慰与视察，协助当地华侨成立国民党支部，指导发展中文教育。由于中国国籍法规定，凡具有中国血统之人，不论其出生地，都视为中国国民。20世纪30年代后期，许多政府代表前往东南亚，鼓励当地华人开展"抗日救亡"运动，都无疑地加强了中国与东南亚华人之政治联系，激发当地华人对中国之效忠[②]。

随着日本侵略行动之扩大，使第一群体华侨之政治意识，提升成强烈之政治行动。1919年之"五四运动"，1928年之"济南惨案"，与1931年之"九一八事变"，都导致东南亚华侨之反日运动[③]。1937年"七七卢沟桥事变"，更激发了东南亚华侨之"抗日救亡"运动，抵制日货，捐款赈济，回国服务，组团慰劳，上自大

[①] 有关保皇、革命两党在东南亚的政治斗争，可参阅（a）Yen Ching-hwang, *The Overseas Chinese and the 1911 Revolution with Special Reference to Singapore and Malaya* (Kuala Lumpur: Oxford University Press, 1976). (b) Wang Gungwu, "Sun Yat-Sen and Singapore," *Journal of the South Seas Society*, Vol. 15, Part II, December 1959, pp. 55 – 68. (c) Antonio S. Tan, *The Chinese in the Philippines, 1898 – 1935: A Study of their National Awakening* (Quezon City, Philippines: R. P. Garcia Publishing Co., 1972), pp. 90 – 133. (d) Lea E. Williams, *Overseas Chinese Nationalism: The Genesis of the Pan-Chinese Movement in Indonesia, 1900 – 1916* (Glencoe, IL.: The Free Press, 1960). (e) G. W. Skinner, *Chinese Society in Thailand: An Analytical History* (Ithaca, New York: Cornell University Press, 1957), pp. 155 – 159. (f) 陈孺性：《缅甸华侨史略》，《南洋文摘》第五卷第二期（1964），第41—45页。

[②] 可参阅 Png Poh Seng, "The Kuomintang in Malaya, 1912 – 1941," in K. G. Tregonning, ed. *Papers on Malayan History* (Singapore: Journal South-East Asian History, 1962), pp. 214 – 225 及 Antonio S. Tan, Ibid., pp. 214 – 291。

[③] 可参阅崔贵强《海峡殖民地华人对五四运动的反响》，《南洋学报》第20卷，第一、二期（1965/1966），第13—18页。王连三《济南惨案与星马华人》（新加坡：南洋大学历史系荣誉学士学位论文，1977）。Yoji Akashi, "The Nanyang Chinese Anti-Japanese and Boycott Movement, 1908 – 1928: A Study of Nanyang Chinese Nationalism," *Journal of the South Seas Society*, Vol. 23, Parts 1&2 (1968), pp. 69 – 96; Antonio S. Tan, Ibid., pp. 214 – 291。

资本家，下至贩夫走卒，都参与这项运动，充分表现海外华人之爱国思想与行动。这次运动突破了华人传统的帮派主义，而1938年10月10日"南洋华侨筹赈祖国难民总会"之成立，则可为东南亚华侨团结之具体表现[①]。

第二群体之华侨占最多数。表面看来，他们不公开从事本地或原乡中国之政治活动。但其本身仍自发而有效地自我组织成一团体，以维护其利益，并在不损害其本身地位情况下，参与倾向原乡中国之政治活动。

至于第三群体，人数较少。有仍具倾向中国政治意识者，有迷恋于殖民地政府之恩宠者，有同情当地土著反帝反殖民主义运动者。以印尼之Peranakan Chinese（土生土长或混血之印尼华人）的政治意识而言，代表中国政治意识者为所谓"新报派"（新客）。其实，"新报派"并非一政治组织，仅为一群具中国政治意识之印尼华侨，利用其所创办之"新报"，宣扬共同政治思想。其基本主张乃在提倡印尼华族社会之团结，鼓励土生华人子弟接受中文教育及参与中国之政治活动，该派认为，华侨必须与祖国联系，始能生存发展。主张与荷兰殖民统治者合作者则为中华会（Chung Hwa Hui）。中华会亲殖民地政府态度，引起了不少华侨之非议。印尼中华党则为同情当地土著民族主义运动者。其目标则在经济、社会与政治上协助印尼步向独立，主张与印尼政党合作，展开政治斗争，以争取印尼之独立。此外，尚有少数印尼华侨，参加

---

① 可参阅 Yoji Akashi, *The Nanyang Chinese National Salvation Movement, 1937–1941* (Lawrence: University of Kansas Press, 1970); 许秀聪《星马华族对日本的经济制裁（1937—42）》（新加坡：南洋大学历史系荣誉学士学位论文，1972）。新加坡中华总商会已搜集了丰富的"抗日救亡"运动的史料，不日将付梓问世。相信该卷帙浩繁巨著的出版，必将惠及士林，为"抗日救亡"运动提供许多有用的资料。

印尼共产党①。

至于星马海峡侨生（俗称峇峇），一般而言，其政治意识与活动，大都倾向效忠大英帝国与海峡殖民地政府，而以大英帝国子民自豪。但在19世纪交替间，清廷、保皇与革命三势力在星马之活动，曾导致不少海峡侨生领袖之思想激荡，当风闻百日维新运动失败，不少人黯然垂泪，海峡侨生中之优秀领袖如林文庆、伍连德、曾锦文与阮添筹都毅然返国服务。

第二次世界大战结束后，东南亚各地民族主义运动汹涌澎湃，殖民地纷纷独立。同时，中华人民共和国之建立以及亚洲政局之发展，东南亚华侨之政治意识亦起伏激荡。战后初期，第一群体之华侨中，部分已转化为第二群体，而第三群体亦越来越认同当地社会，投入当地政治活动，效忠当地政府。因而导致第一群体人数锐减，与第二、第三群体人数之激增，东南亚华侨，逐渐因政治效忠目标之转移，及取得当地公民权而成为东南亚"华人"，不再以中国之侨民自居。

战后新独立之东南亚政府与人民对华侨采取以下两种看法：（一）华人为中国共产党之第五纵队，为一外在威胁；（二）倘若任由华侨经济势力发展，将构成内部隐忧。因此，战后东南亚政府致力于当地华族政治效忠目标之转移。

国内解放战争期间，星马两地华侨因不同政治立场，导致华族社会之大分裂，双方透过其各自主办之报章，相互攻击，甚至诉诸武力。随着1949年10月1日中华人民共和国的成立，第一群体华人中，除少部分与马来亚共产党维持关系外，大部

---

① 关于印尼土生华人政治意识的流派及其活动，可参阅 Leo Suryadinata, *Peranakan Chinese Politics in Java, 1917–1942* (Singapore: Institute of Southeast Asian Studies, 1976)。

分华人已逐步转移其注意力于本地之政治。此种转移表现为各地中华总商会积极参与本地政治活动①。在泰国，左派与右派两股势力之明争暗斗，亦引起泰华社会之分裂。曼谷中华总商会成为两股势力争夺之场所。左派势力后因泰国政府之积极反共而消沉②。

第二群体之华人，随着政局的激烈的变迁，于现实政治中产生矛盾心态。一方面期待中国扩大其在东南亚之影响力，但另一方面又期望东南亚新兴国家取得真正之独立，他们不愿其后裔完全同化于当地社会，亦不愿华人社会分裂。虽然乐意多少与中国本土之政治断绝关系，但在文化与语文方面，却愿保留华人身份而自认为"马华""泰华"与"印华"等等③。

在马来西亚，第二群体之华人于1949年组织马华公会。马华公会基本上为一种族性之政党，标榜为华人争取利益，并标榜反共主张，其成立之目的，即在表明马华并不与马共同流，而愿效忠当地政府。虽然马华并未获得所有第二群体华人之支持，但马华与巫统（The United Malays National Organisation，UMNO）之政治结合，使其在战后马来西亚政坛上，居于重要地位。

关于第三群体的华人，长久以来即与中国本土摆脱关系。因其认为中国政府不足恃，而与当地殖民地政府及土著政府合流，以谋自力更生。第二次世界大战结束后，逐渐由亲殖民地政府转移到同情当地之民族主义运动，并认定其命运与新兴独立国之政权息息相

---

① 关于解放战争期间星马华人的政治斗争及其后政治意识的转移，参阅 Chui Kwei-chiang, *The Response of the Malayan Chinese to Political and Military Developments in China* (Singapore: Nanyang University Press, 1977)。

② G. W. Skinner, *Chinese Society in Thailand: An Analytical History*, pp. 323-344.

③ Wang Gungwu, "Political Chinese: An Aspect of their Contribution to Modern Southeast Asian History," pp. 124-125.

关①，从而局部或彻底地认同于当地社会，自认为"马来西亚人""印尼人"或"泰人"，顶多挂上"华裔"的称呼。为争取其利益与地位，他们以本地公民的身份，参与本地的政治活动②。

4. 华人社会组织

华人社会为一帮派色彩极浓的社团组织。华族的社团，大抵建基于地缘、血缘与业缘的关系。早期之华族移民，离乡背井，人地生疏，极易使来自同一乡、县、府或口操同一种方言之移民聚集一起。为发挥互助互惠、同甘共苦功能，"同乡会"及"会馆"等名目之社团，随着移民地域观念之逐渐扩大，地缘性之社团遂从乡、县、府扩大到省，于是"福建会馆""广东会馆"与"广西会馆"等社团相继出现。

血缘性之社团，以共同姓氏或同一宗族为基础。其主旨乃在"联络宗亲的感情，解决宗人间纠纷，协助宗人解除贫穷、疾病及失业之难题以及祭祖等"③。血缘组织的称呼有"公会"（如客属林氏公会）、"总会"（如张氏总会）、"社"（如符氏社）及"宗祠"（如陈氏宗祠）等。

业缘性之组织亦称为基尔特（Guild）。基尔特中，有以店铺为会员之商工基尔特；及以职员与工人组织职工基尔特或劳资均为会员之混合基尔特④。前者主旨不外乎联络同业间之感

---

① 关于 Baperki 的活动，可参阅 Mary F. Somers, *Peranakan Chinese Politics in Indonesia* (Ithaca, New York: Cornell University, 1964); J. A. C. Mackie, ed., *The Chinese in Indonesia: Five Essays* (Honolulu: University Press of Hawaii, 1976), pp. 44–63。
② 《星洲日报》（新加坡之重要中文报纸），1974 年 7 月 24 日。
③ 吴华：《新加坡华族会馆志》（新加坡：南洋学会，1975）第一册，第 13 页。
④ ［日］今崛诚二：《马来亚华人社会》（刘果因译，槟城：嘉应会馆，1974 年），第 2 页。

情，协调同行间之争执，以谋行业之发展，商货品质之改善，售价之划一以及杜绝同业间之相互削价竞争。而后者主旨则为联络劳资间之感情，在资方能力范围之内，谋求职工之合理待遇及福利。

业缘组织虽有超越地缘关系趋势，但鉴于华侨社会有某一方言群体垄断某一行业之现象，故地方色彩显而易见。因此，华族社团之地方性组织，充分表现华族之社会帮派色彩。故有学者认为"华侨为帮会之动物""帮会即华侨社会"[1]。

华侨社团对华族社会发展之功能具有多元化之色彩。规模较大之同乡会，都有共同墓地，用以安葬客死异地之同乡，对贫困无主之乡人，同乡会予以葬丧费用。华侨社团对早期中文教育之发展贡献良多。自20世纪初以来，稍具规模之华侨社团都积极创办学校，以收容华族子弟。早期之社团，除促进会员间之感情外，更为华商募集资金之媒介。会员间资本之借贷与筹措，常通过社团活动而展开。然而，华族社团深深地影响海外华人之经济发展，它阻遏华族近代资本主义之形成[2]。

5. 讨论

华侨移入东南亚已达数世纪，不少华侨后裔已因种种因素而同化于当地社会，然而，东南亚各地之排华运动并未因土著获得政权而停止，因此，在探讨东南亚华人问题时，各地排华之意识与行动，确实值得吾人作进一步之研究。

东南亚土著之排华行动，远在战前就一再发生。通常排华

---

[1] 吴主惠：《华侨本质之分析》（台北：黎明文化，1983），第134页。

[2] N. Uchida, *The Overseas Chinese: A Bibliographical Essay*, p. 47.

运动以两种方式开展。一种为当政者以立法通过种种法令，限制华人之经济活动，剥夺华人就业机会。另一种则为群众在政客或宗教领袖煽动下，以暴力摧毁华人之生命与财产。此种排华方式，在战后之缅甸、柬埔寨、马来西亚及印尼等地都曾发生，其中以印尼之情况最为严重①。

许多学者努力探寻东南亚排华之根源，企图解释各地之排华运动，因素颇多，华侨与土著间之经济竞争似为一重要因素。数世纪以来，华侨之经济活动渗透各个行业，多年资本与经济之累积，各地联络网之遍布，以及殖民地政府之安排与措施，使华人在东南亚各地奠定稳固之经济基础。因此战后各国独立后，华人之经济活动与地位横遭各地土著之猜忌。华族被认为是经济剥削者，因此，各国政府纷纷立法维护土著权益，提高土著生活水准，制造土著的就业机会，进而牺牲华族经济利益。印尼政客Assaat强烈指责华侨之政经活动，认为华人不论在文化、社会活动，皆不容许他人介入，尤其是经济范畴，华人垄断印尼国内之经济，华人批发商以不正当手段欺骗印尼零售商，而华人之政治立场却又投机取巧，不忠于印尼。Assaat进一步形容印尼土著为经济上之弱者，而华人却为经济上之强者，因而印尼政府必须立法保护弱者②。土著此种对华族之敌视是为排华运动之主要动力。荷兰学者W. F. Wertheim指出，种族间之紧张关系，其根源不在于文化分野；土著之基本目的，乃要将

---

① 关于战后印尼历次排华的详情，可参阅 J. A. C. Mackie, "Anti-Chinese Outbreak in Indonesia, 1959 – 68," in *The Chinese in Indonesia: Five Essays*, pp. 71 – 128。

② Assaat, "The Chinese Grip on Our Economy," in H. Feith and Lance Castles, ed., *Indonesian Political Thinking, 1945 – 1965* (Ithaca, New York: Cornell University Press, 1970), pp. 343 – 346.

华人赶出经济领域,取代华人经济势力①。因此印尼中层土著商人在面临华商强力竞争时,极易引发排华事件②。荷兰政府对待殖民地人民,采取"分而治之"之政策。华侨被安置于城镇,从事小型工商业之活动,而土著则散居乡村,从事农耕及其他土产之种植。华侨于聚居地区,除非取得通行证,不能向外自由流动。政府有意将华侨视作外侨,其社会经济地位高于土著。而多数华侨又一向以优秀中华文化自豪,殖民政策之实施,加深了华侨对土著文化的鄙视。

华族与土著在文化上之差异,也助长了各地之排华运动。20世纪以来,华人民族主义运动将海外华侨卷进中国本土之政治活动,此固加强华侨对中国本土之政治意识,但却加深华人与土著两族群间之积怨。第二次世界大战前,菲律宾华侨鄙视岛民,称呼岛民为"番狗",此种鄙视土著之心理,在东南亚其他地方普遍存在。

在殖民地政府统治下之东南亚,华人经济境况多半较土著为好。虽然真正富裕之华人只占少数,但一般土著却误认为华人皆为富有者,反观土著,大多为贫寒人家,生活困苦。不少马来知识分子,就因目睹非马来人(主要为华人)之处境优越,触发排华运动。泰王拉玛六世(Rama Ⅵ)更形容华人为"东方的犹太人",指责华人为拜金主义者,追求财富时,不惜欺骗、偷盗,甚至残杀,无所不用其极,毫无道德观念,亦无怜悯与同情心③。

---

① W. F. Wertheim, "The Trading Minorities in Southeast Asia," in *East-West Parallels: Sociological Approaches to Modern Asia* (Chicago: Quadrangle Books, 1965), p. 79.

② The Siauw Giap, "Group Conflict in a Plural Society," *Revue du Sud-Est Asiatigue*, Vol. 2 (1966), p. 19.

③ H. J. Benda & J. A. Larkin, *The World of Southeast Asia* (New York: Harper & Row, Publishers, 1967), pp. 204 – 211.

展望未来，华人问题之解决，实有待当地政府及华人双边之积极努力，忠诚合作。由于华人与土著间之积怨与矛盾，乃长期以来所形成，因而必须假以时日，作长期之努力。在经济方面，当政者必须消除将华人视为土著经济剥削者，而必须要牺牲华人既得之经济利益，才能提高土著经济水平之错误观念。事实上，华人并非东南亚之经济主宰，富有之华人只占极少数，绝大部分乃属于中下阶层。换言之，东南亚落后国家之贫困，不是种族问题，而是全民之贫困问题[①]。

东南亚各国立法打击华人之经济活动，企图借此加强土著之工商业界活动，制造土著就业机会，然而所收效果极微，相反却导致经济体系之混乱，助长恶性通货膨胀，影响到社会的治安[②]。

目前东南亚各国政府所推行之同化政策，其目标乃在彻底摧毁中华文化，企图将华人完全变成本地人[③]。如此之同化过程乃属单行道式之同化，然而同化政策，不如融合政策。在一多元种族社会中，各种族都有其优良之传统文化，如能彼此吸取对方精华，铸造一崭新之文化体系，包容各种族之文化优点。华人克勤克俭之传统美德，与工商业经验，对当地土著都有值得借鉴之处。华人热爱中华文化，实属自然，但于新环境，华

[①] 例如：1970年时，马来西亚共有2783000人工作，其中年收入超过马币2500元之人员只有200983人，占工作总人口的7%而已，参阅《一九七〇年马来亚税务局常年报告书》（吉隆坡：1974）。

[②] 譬如1959年西爪哇禁止华人经营零售业，政府事前未作适当安排，导致接收华人零售店时呈现一片混乱。接收后，印尼土著无法发挥华人固有功能，致使农民深感生活用品奇缺，造成物价高涨。另外，以往由华人零售商至农村收购土产之活动，也因华人之离去而陷于停顿，土产无法输往城市，任由腐烂。

[③] 1987年10月，马来西亚政府为消除华巫两族间之冲突，大举逮捕华族政治领袖，此次华巫之冲突，乃因马华领袖反对马来西亚政府派不谙中文之马来人担任各级中文学校行政人员所引发。详情参阅 The Asian Wall Street Journal, October 28, 29, 1987。

人亦须放弃华族沙文主义思想，吸收土著之文化，学习当地语言。由于近日之东南亚华族，绝大部分已生根落户，并已成为所在国之公民，因此必须为本身及其子孙之生存与发展而作相当大之调整，成为所在国之良好公民，融化于所在国之社会，以实际行动消除土著对华族之错误观念。

三 论马来亚华人民族主义运动之研究

马来亚地区人数众多的华人一直是受人注意的对象。尤其是第二次世界大战之后，由于马来土著民族主义运动之澎湃，以及独立后建国意愿之迫切，马来亚华人的国家意识与政治倾向更成了非常敏感的问题①。在中华人民共和国成立之后的冷战期间，该问题的敏感性备受利用。即使是最近，当中华人民共和国与外面世界接触日多，关系由紧张趋于缓和之际，原乡中国对华人的政策，以及这些华人对所在国与其祖国的立场，依然是学者与政治决策人所密切关注的。

笔者拟从比较社会学与比较史之角度来探讨早年马来亚地区华侨反日与反英的情绪及活动，以及这些情绪与活动跟中国国内民族主义运动之间的关系。研究的空间暂时集中在各英属殖民地，时间上也大约以 1900 年至 1941 年之间的四十余年为限。作者相信，如果我们能仔细研究清楚这段时间内中国国内之发展与海外华侨政治意识滋长之间的历史关系，对我们了解

---

① "马来亚"一词，系指当时之英属马来半岛，包括海峡殖民地（the Straits Settlements，包括新加坡、马六甲及槟榔屿），马来联邦（the Federated Malay States）与马来属邦（the Unfederated Malay States 或译为马来非联邦）等三区。新加坡又译作星加坡，或简称星洲。

上述的敏感问题将有很大的帮助，进而消除由于冷战宣传所造成的关于海外华人的一些严重误解，使大家对问题的展望有个较中肯适切的评估。本文旨在检讨与批判有关星马华人民族主义运动的若干研究。

研究中国近代史与东南亚史的学人中，素来有人注意研究南洋华人与中国民族主义的历史关系。其中用力最勤者，当推留美日本学人明石阳至对南洋华人反日运动的研究规模颇大：地域上包括整个东南亚，而所研究的反日事件，最早者发生于1908年，最晚者是抗战前期南洋华人的抗日救国运动①。

明石阳至在讨论南洋华侨反日与抵制日货运动（1908—1918）时②，进一步认定南洋华人屡次的反日行动无一不是出于华侨的民族主义。他特别引述"辰丸事件"（Tatsu Maru Incident）为证。1908年日轮辰丸号因替革命党私运军火遭清政府扣留。消息传来，南洋华侨发起抵制日货运动。明石阳至认为华人的反日行动并非出于对清廷的拥护，实因该轮侵犯"祖国"的主

---

① Yoji Akashi, "The Nanyang Chinese Anti-Japanese and Boycott Movement, 1908 – 1928: A Study of Nanyang Chinese Nationalism," Yoji Akashi, *The Nanyang Chinese National Salvation Movement, 1937 – 1941*.

② Yoji Akashi, "The Nanyang Chinese Anti-Japanese and Boycott Movement, 1908 – 1928: A Study of Nanyang Chinese Nationalism," pp. 70 – 71. 明石阳至认为清政府无力保护海外华人，而华人返国后又常受地方官吏的压榨，理应同情由侨乡地产生的孙中山先生及其革命党人，因而，南洋华人对"辰丸事件"（Tatsu Maru Incident）的反应，足以说明南洋华人深具民族主义的思想，因为这些海外华人能抛却个人的喜恶乃至乡谊的情感，他们反日的举动并非拥护清政府，而纯为一种民族主义的表现。

作者从一些已有的研究发明明石阳至的上述推论有些值得怀疑的地方，例如：颜清湟著，张清江译的《清朝鬻官制度与星马华族领导层（1877—1912）》，以及欧阳昌大的《新加坡华人对辛亥革命的反应》［以上两文皆收入柯木林、吴振强编的《新加坡华族史论集》，（新加坡）南洋大学毕业生协会1972年版，第49—87、89—118页］，都指出当时的星马地区的华人领导层与清政府有密切的关系。许多具有影响力的当地华人都曾向清政府捐官买爵，以提高他们的社会威望，同时，绝大部分的"侨领"反对由孙中山先生以"民族主义"为号召的革命运动。因此，这些"侨领"对辰丸事件的反日表现，是否真发自民族意识，而非出于拥护清廷、反对革命，是值得考虑的。

权,损害中国的威望,清廷不过适为当时中国的政府而已。明石阳至的另一著作,*The Nanyang Chinese National Salvation Movement, 1937 - 1941*,对南洋华侨在"七七事变"后的种种反日救国运动有相当详细的叙述。明石阳至认为中国国民党在南洋的活动与南洋华人的反日意识与行动有密切关系。由于 1928 年以后中国国民党改变策略,将反侵略的运动转变为民族主义运动,并将反日斗争并入此运动纲领之中,华人的反日意识与行动乃因而转趋激烈[1]。颜清湟教授所著之 *The Overseas Chinese and the 1911 Revolution*,旨在探讨星马华人在辛亥革命中所扮演的角色。颜清湟从海外华人社会的形式、清季政局以及海外华人民族主义的发展探讨星马华人之所以对辛亥革命有重大贡献之历史背景,颜肯定同盟会为辛亥革命之主流,亦认为星马地区之华侨社会为革命活动负责宣传及筹集经费之中心,星马华侨在辛亥革命运动中之地位,因而凸显。颜进一步认为,就响应辛亥革命此课题而言,可将南洋华侨当作一个群体[2]。

巴素(Victor Purcell)几部有关华人的著作[3]虽然不是专门

---

[1] Yoji Akashi, *The Nanyang Chinese National Salvation Movement, 1937 - 1941*, pp. 3 - 12. 明石阳至的看法是不大正确的。自从 1924 年改组后的国民党便将"反帝"运动当做中国民族主义运动的重要部分,而在"反帝"运动中,反英是主要目标。虽然在 1928 年的"济南事件"之后,不少中国知识分子及一般民众具有反日的情绪,中国政府在国民党领导之下,由于种种因素,却一再限制反日活动,许多涉及"妨害中日友谊"的活动皆被阻止。John Israel 的 *Student Nationalism in China, 1927 - 1937* (Stanford:Stanford University Press, 1966)更明白强调,中国国民党的限制反日运动引起不少知识分子对国民政府的不满。

[2] Yen Ching-hwang, *The Overseas Chinese and the 1911 Revolution with Special Reference to Singapore and Malaya*;颜清湟:《辛亥革命与南洋华人》,收入辛亥革命与南洋华人研讨会论文集编辑委员会编《辛亥革命与南洋华人研讨会论文集》,台湾政治大学国际关系研究中心 1986 年版,第 417 页。

[3] Victor Purcell, *The Chinese in Malaya* (London:Oxford University Press, 1967);*The Chinese in Modern Malaya* (Singapore:Eastern Universities Press, 1956);*The Chinese in Southeast Asia* (Kuala Lumpur:Oxford University Press, 1967).

讨论华人的民族主义，却提供了不少资料，可供了解星马华人民族主义的发展。巴素认为中国国民党在决定国籍时采用的属人原则以及其宣传，有助于南洋华人，尤其是星马华人的反英意识①。而华校采用中国出版的教科书则阻碍了华人向土著的同化②。不过，巴素不以为南洋华人真正关怀中国的政治。依其看法，英当局不承认中国国民党在星马活动的合法地位，是为一般华人领袖所赞同的③。即使在"九一八"事变之后，印尼华人非但未对日实施经济制裁，抵制日货，反而违反荷人的"固打制度"，输入大量日货④。

除以上几项著作之外尚有不少论文，或者未出版，或者登载在各类刊物上，其中很多是针对某次华人的反外事件所作的个案研究⑤。

---

① Victor Purcell, *The Chinese in Malaya*, 第六章，或许由于巴素曾身为英属马来亚的官员，对涉及中国与马来亚华人问题时，常显示出一种"过分的反应"，所以，当中国当局在1929年公布一些"国耻纪念日"日期及经过时，巴素认为公布的内容尽是虚构的事实，是中国政府的一项侵略性的宣传，旨在造成华人反英的情绪。

② 同上书，第七章。巴素认为中国出版的教科书，即使不含反英教材，亦将偏重于对中国的描述而没有提供有关马来亚的资料。而华校教师又几乎全是中国出生的，且常具"偏激"的看法，因而华校学生多半自认为是"中国"人。另外，D. D. Chelliah 却认为中国在1912年建立民国后华校数目急速增加，是由于民族主义运动促使海外华人提高他们对本身语言和文化的评价以及保留其固有文化的愿望。见 D. D. Chelliah, *A History of Educational Policy of the Straits Settlements* (Kuala Lumpur: The Government Press, 1947), pp. 82 - 83, 158 - 159. 另参阅 Lee Ah Chai, "Policies and Politics in Chinese Schools in the Straits Settlements and the Federated Malay States, 1786 - 1941" (Singapore: University of Malaya in Singapore, M. A. Thesis, 1957).

③ Victor Purcell, *The Chinese in Malaya*, p. 216.

④ Victor Purcell, *The Chinese in Southeast Asia*, p. 463.

⑤ 例如：崔贵强《海峡殖民地华人对五四运动的反响》，第13—18页；Pang Wing Seng, "The 'Double-Seventh' Incident, 1937: Singapore Chinese Response to the Outbreak of the Sino-Japanese War," *Journal of Southeast Asian Studies*, Vol. 4, No. 2 (1973), pp. 269 - 299; Yoji Akashi, "A Summary of The Nanyang Chinese and the Manchurian Incident（南洋華僑と満州事変）," *Southeast Asia: History and Culture*, No. 1 (1971); 陈万发《星马华族救国抗日运动 (1931—32)》（南洋大学历史系荣誉学位论文1971年）；许秀聪《星马华族对日本的经济制裁 (1937—42)》，收入柯木林、吴振强编《新加坡华族史论集》，第133—158页。

不可否认，这些研究颇有助于了解马来亚华人与中国政治发展之关系。不过，将其中几项较重要的著作审阅之后，作者觉得仍有许多实质的疑问必须解答，以及若干方法上的缺点必须补正，然后才能对马来亚华人民族主义的产生与发展有一真切的认识。

笔者拟在此将这些疑问与缺点一一提出来讨论：

1. 对于笔者所要讨论的几个地区而言，就笔者所知，绝大多数研究都以反日事件为对象，研究反英或其他反外事件者并不多见。按说，巴素书上曾提到1925—1926年间省港大罢工时，新加坡华人曾有反英情绪的鼓荡①。可是，到目前为止，仍少有人对这现象作深入的研究。大多数研究以反日事件为对象，当然可能反映反日事件的频繁。星、马、港三地当时是英国的殖民地，许多反英活动很可能在未发展成较大规模的行动时已经受到镇压。然而，这解释不能令人满意。省港大罢工时，香港华人既然能在反帝运动的高潮中，不顾英国当局的压制而爆发成大规模的反英行动，星马华人何以全无略可比拟的行动表现？另外一个可能的解释，是星马的华人的确只是反日，对英国人并未怀有多强烈的敌意或仇恨。果真如此，问题就很有趣了。按说，在中国近代的民族主义运动史上，反英情绪的激烈似乎不亚于反日的情绪。事实上，在1931年"九一八"事变以前，英国帝国主义对中国国民革命的威胁，对当时的中国人而言，似乎要比日本人的威胁更来得迫切。据一般的了解，星马华人的反外情绪与行动与中国国内的民族主义反帝运动有着密切的关系。既然如此，那么即使没有大规模的反英行动，至少我们应该可以发现反英情绪的痕迹才对，不然的话，单纯以

---

① Victor Purcell, *The Chinese in Southeast Asia*, p. 298.

民族主义来解释星马华人的反外人情绪与活动，其适用的范围与程度就当有所保留了。笔者所要强调的是，无论如何，除非我们能解释为什么反英事件会这么少，否则我们不能自认已经对星马华人民族主义发展的真正意义有了完整的了解。简言之，笔者的论点是这样的：大约在1931年以前，在中国国内的民族主义运动之中，反英的情绪不亚于反日。如果依一般的了解，海外华人民族主义的发展与国内的情况有相当密切的呼应关系，那么星马华人的反英活动应该不少于反日活动。可是，目前既成的研究多集中在反日事件上，这可能只是反映学者的兴趣，也可能反映反日事件多于反英事件的历史事实。如果是前者，那么这是研究上的偏重，是个缺陷，应该补正，我们应该对反英事件做同样的重视。如果是后者，那么单纯以民族主义的发展来解释星马华人的反外行动，便未免太简化了，我们必须作更细致的分析，提供更周全的解释。

2. 在许多研究中，多半集中在星马华人对中国政局反应上之探讨。近代中国在面临西方列强侵凌下，逐渐产生了具有强烈排外性的民族意识。革命党与改良派皆一再在星马的华人社会中倡导爱国情绪，许多星马华人受其呼召而产生民族意识。然而，将星马华人政治意识之兴起，以及将星马华人之反英或反日情绪，完全视作其对中国国内政局发展的一种反应，则未免太过简化星马华人政治意识之兴起与发展的现象。星马华侨与中国本土之政局发展，其关系之密切，不容置疑，但星马华侨本身之经济利益及其在居留地之政治与社会地位，亦在在影响其政治意愿之动向。大多数人谈到他们研究的反日事件时，都提到当时在海外华人之中酝酿滋长的民族主义情绪。笔者不怀疑民族主义在这些反日事件中所扮演的角色，然而，笔者却认为这样一个解释未免太简单，对其他的因素未免太过于忽略。

不少研究报告指出，第一次世界大战期间以及大战后的几年，日本在南洋，特别是在星马地区的经济活动急速增加[1]，不少日本公司行号直接在星马地区设立分行[2]，并培养印度人成为日本公司的零售商[3]。日本人的这些经济活动与南洋华人传统的经济地位——中介商——难免发生冲突[4]。20世纪30年代世界性的经济大恐慌发生之后，南洋经济亦受到波及，不少华人被迫返回中国，许多华商面临经济崩溃的威胁，日人却在这段时期高唱向南洋发展的"南进政策"，无疑的会引起星马华人的忧惧。现存资料显示，就在这段时期里，中文期刊下出现了为数不少的反日报道和专论，其中绝大多数涉及日人的"南进政策"对

---

[1] 有关日人在星马的经济活动，请参阅 Kee Yeh Siew, "The Japanese in Malaya before 1942," *Journal of the South Seas Society*, Vol. 20 (1966), pp. 48-88；薛君度著，颜清湟译《两次世界大战间的英属马来亚》，《南洋学报》第18卷第一、二期（1962/63），第1—30页；Greg Gubler, "The Pre-Pacific War Japanese Community in Singapore" (Pravo, Utah: Brigham Young University, M. A. Thesis, 1972)；中岛崇一《英領馬来・緬甸及濠洲に於ける華僑》（东京：满铁东亚经济调查局，1941），第一篇第七章；野村汀生《南洋の五十年：シンガポールを中心に同胞活躍》（新加坡：南洋及日本人社，1937），第215—241页；Yuen Choy Leng, "Expansion of Japanese Interests in Malaya, 1900-1941" (Kuala Lumpur: University of Malaya, M. A. Thesis, 1973)。

[2] 以往日人在新加坡之零售商因资本小，经由华商而取得日货，现因日本大公司在星设立分店而取代了华商在经商日货上头盘商的地位。参阅野村汀生《南洋の五十年：シンガポールを中心に同胞活躍》，第215、225—228页。

[3] Yoji Akashi, "The Nanyang Chinese Anti-Japanese and Boycott Movement, 1908-1928: A Study of Nanyang Chinese Nationalism," p. 91, Note 30. 明石阳至承认日本公司培植当地土著代理日货是要减少华商的依靠性，因而危及华商的地位，所以认为华商的反日活动是种"经济民族主义"（Economic nationalism）的表现，旨在阻止日本贸易和商业的发展，明石阳至的解释很难令人满意，而他采用的"经济民族主义"一词也与一般学者的用法不同，且他又未作进一步的说明。

[4] 如果日本商业，贸易活动在南洋扩大而同时不直接设立分公司或培养土著销售商的话，日本人的商业活动不但不会与华人冲突，甚或可促进华商的商业活动，也就是说，日人在南洋的贸易额的增加，和华商的活动没有必然性的冲突，华商与日人经济南下活动的冲突主要乃由于日人在南洋设立分公司以及培植土著零售商所引起。

南洋华人的威胁①。有些甚至将泰国的排华归因于日人的"南进政策"②。这种种现象在在说明日人的经济南下活动与南洋华人有了冲突，也就是说，经济利益上的考虑很可能在许多反日行动中扮演了具有某种分量的角色。此外，在其中一些事件中，有私会党的介入，而从事件的发展看，似乎很难把它们看作单纯是民族主义的表现③。还有，在国共第一次合作之后发生的几次反日事件，根据明石阳至的说法，与前期一样是民族主义的反映；可是，按巴素的看法，这些事件却是共产党的阴谋。同样的现象，两人解释的着重点却不一样。诸如此类对这件事的解释，笔者觉得都值得根据新材料重新加以考虑。

3. 谈到研究材料，笔者发现这些研究有一个共同的缺点，那就是研究者在搜集资料时，往往未能参考或彻底运用许多该用的资料。有些人也许是由于时间的匆促，无法把材料收集周全，有些人则显然是由于语文能力的限制，即使知道某些材料

---

① 依据现存有关南洋研究的中文资料，笔者发现1934年间，涉及反日性质和报道，描述日本南进政策的文章远比其他时期多，而在同一时期内，述及南洋各地华人面临的危机的文章也特别多，而许多专论把南洋经济危机和日本的南进政策相提并论，例如：林劲草的《日本的南进政策与南洋华侨经济的危机》（《华侨半月刊》，第四十三期，1934年3月）；黄寄萍的《南洋市场受日货倾销后的检讨》（《中南情报》第一卷第六期，1934年8月）；刘士木的《日本经济南侵之猛进》（《海外月刊》，第十九期，1934年4月）；郭振裘的《日货在南洋之倾销及对策》（《中南情报》第一卷第六期，1934年8月）。

② 叶绍纯：《日本勾结暹罗与暹罗排斥华侨的前因后果》（《南洋情报》第一卷第八期，1933年）；张健甫：《暹罗排华与日暹关系》（《华年周刊》，第四卷第三十八、三十九期，1935年）；刘士木：《亲日之暹罗》（《华侨半月刊》，第四十一卷，1934年）；林云谷：《日本南侵与暹罗》（《民族杂志》，第二卷第八期，1934年）；以上各文皆引自南洋大学南洋研究所编《南洋研究中文期刊资料索引》（南洋大学南洋研究所，1968年），第328—331页。

③ 崔贵强：《海峡殖民地华人对五四运动的反响》，第17页，同文第14页更述及不仅商店，许多良民住宅的日常用品，包括日货与非日货，同遭破坏。在讨论槟城骚动时，作者更指出米价高涨为骚动的另一重要原因，日人商店固遭破坏，仓库的米粮也遭抢夺。上述征象足以说明，星、马地区华人对五四运动的反应，尚难遽认是民族主义的表现。

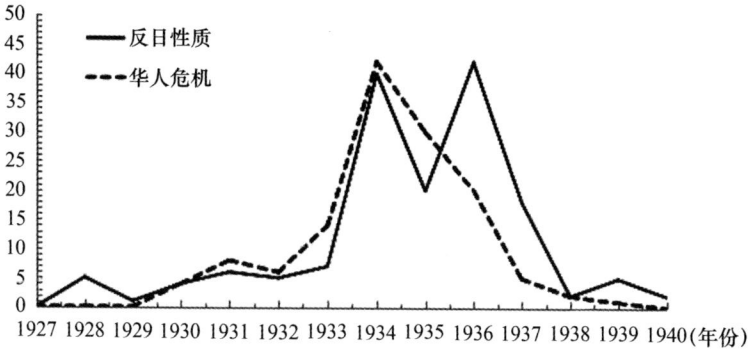

图3—1 有关反日及南洋华人危机的文章数

资料来源：南洋大学南洋研究所编《南洋研究中文期刊资料索引》（南洋大学南洋研究所，1968年）。

的存在也无法运用。例如，许多研究反日与抵制日货运动的人根本就没利用到日文资料，以致产生了不必要的缺漏[1]。相反的，像明石阳至则不谙中文[2]，对中国现代史实也不够熟悉，连"义勇军进行曲"之为何物都不甚了了[3]。他的书上虽然引用了不少中文资料，不过都是经过转译或转引而来的，很多还是当时日方蒐集翻译过去的。此外，以英国殖民部档案为主要资料的研究，却很容易感染到大英帝国当年的"阴谋论"，将许多

---

[1] 例如：Pang Wing Seng, "The 'Double-Seventh' Incident, 1937: Singapore Chinese Response to the Outbreak of the Sino-Japanese War", p. 292 提到，自1911年起，有关海峡侨生的人数便无从查考，可是，事实上，许多日文材料却有这项数目资料，例如：日本内阁企划院编纂的《華僑の研究》（东京：松山房，1939）第224页就有1921年及1931年海峡侨生的人数及其所占马来亚华人总数之百分比。

[2] 明石阳至的博士论文指导教授 Professor Peter Tang 与笔者的谈话中指出（1975年5月20日）。

[3] Yoji Akashi, *The Nanyang Chinese National Salvation Movement, 1937–1941*, pp. 83–84；此外，Evelyn Sim Cher Lan 在其论文中曾引用新大东南亚研究所的"口述历史计划"（Oral History Project）的资料，描述中国国民党的旗帜为"蓝底五星旗"（the Five-Star and Dark-blue flag），见 Evelyn Sim Cher Lan, "The Kuomintang-Communist United Front in Malaya, 1924–27"（Singapore: Nanyang University, B. A. Academic Exercise, 1974）。

华人的政治表现归因于中国国民党或"左派"的煽动①。由于所利用资料的来源不同，他们所得到的论断也往往不一样，甚至于相互矛盾。其中一个显著的例子是关于胡文虎在抗战开始后南洋华人抗日救国运动中的角色。明石阳至根据当时日方的情报资料，认为胡文虎当时是亲日的，并以胡未列名于新加坡举行的"南洋华侨祖国筹赈大会"的委员会当作旁证②。可是，另一个研究报告，根据中、英文资料，则指出当时胡文虎热心捐献巨款，赈济华北难民，胡之未出席筹赈大会乃因当时适在华南，未能返新参加③。事实上，胡文虎主办的《星洲日报》曾一再大力支持国内的抗战④。而当时国民政府侨务委员会办的《华侨动员》和中国国民党中央海外部办的《华侨先锋》，也屡次表扬胡文虎大力捐献，响应筹集侨资回国投资的爱国行动。究竟为什么日方的情报会有这样的判断，实在很耐人寻味。总之，这是因材料限制而导致结论彼此矛盾的好例子。

事实上，就笔者所知，尚有许多资料来源，按说都可以对这研究有很大的帮助，可是到目前为止都还没被充分发掘过。

---

① Victor Purcell 与 Evelyn Sim 都有这种倾向。甚至曾引用许多华文资料的 Pang Wing Seng，在讨论新加坡华人的反日救国公债活动时，也加上"南京的操纵"（Nanking's Manipulations）作为小标题，见 Pang Wing Seng, "The 'Double-Seventh' Incident, 1937: Singapore Chinese Response to the Outbreak of the Sino-Japanese War," p. 287.

② Yoji Akashi, *The Nanyang Chinese National Salvation Movement, 1937-1941*, pp. 19-20, 65-66。

③ Pang Wing Seng, "The 'Double-Seventh' Incident, 1937: Singapore Chinese Response to the Outbreak of the Sino-Japanese War," p. 282. 当然，胡氏之离开马来亚，访问中国，其动机之一可能在于回避当时正预备召开的筹赈大会，胡是客家人，陈嘉庚是福建人，两人在抗日救国运动的领导上颇有争执。筹赈大会自始即由陈氏主持召集，胡氏可能因而借故避开。按后来胡氏在捐款、救济及投资上一直单独行动。但这事本身显然不足以为胡氏亲日的证据。

④ 《星洲日报》1937 年至 1941 年。例如汪精卫准备于 1940 年 3 月 30 日在日本占领区内成立新政府，《星洲日报》与《槟城日报》《新中日报》，共同拍电重庆，诋毁汪精卫而拥护蒋介石，见《星洲日报》1940 年 2 月 4 日。

举其大者，有在台北的中国国民党党史档案，以及英国的 Confidential Colonial Office Despatches，C. O. 资料，虽然在新加坡大学图书馆已有部分胶卷的收藏，可是还不周全，也仍未被彻底运用过。此外，当年日本在台湾地区设有南洋史研究所，蒐集许多南洋方面的资料，现在这些资料大多仍收藏在台北之"中央"图书馆台湾分馆，多半犹未被充分利用。又如 Lea Williams 提到的"德川文件"（Tokugawa Papers）显然有不少有关的资料，却从未被提起过①。最后，复值得一提的，是口述历史方面的资料。当年参加这些反日运动的人，特别是 20 世纪 30 年代以后的，现在应该是大有人在，可能能从他们那里搜集到一些口述历史的资料。

4. 值得我们注意的是在概念层次上的问题。这些研究中另外一个严重的缺点是：研究者有意无意间似乎都作了一项假定，把海外华人当作一个整体来看，认定他们对同一事件的反应都是一样的，很少有人特别想到要研究海外华人中的不同社群，对于某一反外运动的激荡是否有不同的反应。然而，事实上，正就是在这类一再发生的反外事件中，民族意识逐渐增长，才慢慢把海外华人的政治视野扩大，把他们群的认同从方言群或其他地方性团体扩大提升到整个中华民族的共同意识。笔者要特别指出的是在本书所用的"民族主义"一词乃是一个分析的概念，并不指谓任何具体的事物。它可能是某一反外事件中的一个重要因素，可是，促成一具体的反外事件因素通常很多、很复杂，民族主义也许只是其中的一个因素。因此，我们不能把反外事件本身就看成是民族主义的表现，说某某事件就是民

---

① Lea E. Williams, "Some Japanese Sources on Malayan History," *Journal of Southeast Asian History*, Vol. 4, Part 2 (1963).

族主义的运动。笔者的论点是：民族主义的滋长与这些反外事件的发生是互相影响，互为因果的。我们不能贸然肯定民族主义是因，反外事件是果，所有的反外事件是民族主义的鼓动而引起的。事实上，如果我们排除这个假定，把研究方向转过来，细细分析海外华人的民族意识如何在这些反外事件及其他活动的过程中慢慢滋长发展，将是一项非常有意思的研究。总而言之，我们都知道，一直到不久以前，海外华人把自己看成是福建人、广东人，或客家人的，要比当下自认为是中国人的要多得多。很多人的群的认同顶多只到他们的方言群罢了。因此，他们对事情的看法，也往往依方言群的不同而有差别。再者，不同的方言群一向集中从事于不同的行业，由于不同的行业代表不同的经济利害关系，日本经济上的南进政策，更可能对不同的方言群有颇不同的影响。因此，海外华人中的不同社群，包括方言群、行业群等，所采取的反日态度与行动究竟有无差别，实在很值得我们去探讨。从"国史馆"及"侨委会"档案中，笔者至少看到有两件侨务纠纷案，似乎可以作为上面这点揣测的旁证。一件发生在加拿大，是1938年发生的。我们知道，特别是"七七"全面抗战开始之后，世界各地华侨都纷纷响应，成立各种抗日救国会的组织。加拿大某城里有一间华人经营的餐馆，有一天有个日本人上这馆子吃饭，餐馆照例款待，此事被该市的华侨拒日会发现，指控餐馆是汉奸餐馆，强令罚款250元。餐馆主人不服，就上书给中国驻温哥华的领事馆，该领事查访后给外交部的呈文里说："亲自查访侨情，始知该抗日会办事各员，大半工人，已久有妒忌侨商之意，此次以拒日之名，借题发挥。"各方的动机可以不谈，但从这报告看来，该地不同行业群所表现的反日活动是有些差别的。另外一件是1939年发生在澳洲的一个岛上。该岛行政专员公署里的一个伍姓中文通译员，回国后携家带眷返回该岛，随行携带了80码日本绸。结果被该岛的华侨救国会查获，罚澳币20镑，不久，该岛一家大英磷矿公司的一个姓周的中文通译员贩运日货，被姓伍的发现，姓伍的就告到救国会。最重要的是这姓周的是救国会的财政委员，深知此事一经公开，势必要激起公愤，就赶快与救国会的几位负责人密商，决定要一个低级工人代为认领该项日货，以推卸责任。不料救国会开会讨论这件日货贩运案时，这工人不仅不承认，还将姓周的如何密议，如何要他代认的丑行公开，于是当场激起公愤，众人把救国会的几个负责人棒打一番。由于这几位救国会负责人中有两位是磷矿公司的高级技工，属于该公司高级华工的机工工会，乃鼓励工会向行政专员提起诉讼。事后伍、周两人都自动辞职，先后返国，而救国会的工作也陷于停顿①。这又是因行业与职位关系影响抗日救国活动的例子。至于方言群的差别，据笔者对资料的初步分析，省港大罢工时，马来亚的福建人似乎没有一点反英的表现，虽然当时他们还很热心捐款谋求改进福建地方的社会经济情况。巴素书上提到当时的反英煽动时，指出主要是海南人发动的。比行业或方言群的差别更重要的也许是在侨地出生与由国内移去的华人之差异。陈嘉庚就曾抱怨当地出生华人对抗日救国运动支持不够热心②。要了解诸如此类的差异，我们必须对海外华人社会经济组织中的分殊情况有充分的认识，不能笼笼统统总是把海外华人当作一个整体来看，而除非我们了解这些差异，我们就不能说已经把这些反外事件以及这些事件与国内民族主义发展之间的复杂关系确实弄清楚了。

---

① "国史馆"藏，《侨务委员会中执会海外部侨务纠纷案（1938—40）》，第三卷。
② 陈嘉庚：《南侨回忆录》，（新加坡）福州集美校友会，1950年印，第44页。

5. 就笔者所知，现成的研究中很少探讨1928—1937年这十年间的反外活动。唯一的例外也许是明石阳至的《南洋华侨与满洲事变》一文①。有鉴于此，我们自然要问，为什么研究这时期的反外活动会这么少呢？跟上面第一点一样，这也许是因为研究者的兴趣或注意力有所偏重的缘故，但也可能因为在这时期，除了"九一八"事变的反应之外，的确没有其他值得注意的活动发生。如果是后者，那么这又是令人难解的一点了。按说，在北伐成功后的十年里，国内反对帝国主义主张，例如，收回租界、废除不平等条约的热潮相当高涨，也发生过几次反帝的民族主义运动或事件，既然如此，那么到底国内的这些发展是否以及如何影响到海外华人的民族主义情绪与活动呢？这是值得我们研究的。

针对着上述这些疑难与缺点，笔者以为此后研究这问题应该特别强调下面几点。

1. 对1928—1937年之间星马华人的任何反外情绪与活动，需加特别注意，对这些事件进行拓荒性的初步探讨，看看它们是否以及如何与当时国内的反帝潮流相呼应。也就是说，此后的研究尚须作一点初步的补白工作，然后我们对1921—1941年间海外华人民族主义发展，才有较周全的认识。

2. 上面已经提到有些重要的资料来源，对我们了解星马华人民族主义的发展可能有很大的帮助，可惜这些资料到目前为止却还未被人彻底挖掘过。因此，此后研究应尽可能从这些方面搜集资料，希望如此得到的新资料，一方面可用以研究一些未被探讨过的事件，另一方面可借以重新评估以往研究已得到

---

① Yoji Akashi, "A Summary of The Nanyang Chinese and the Manchurian Incident（南洋華僑と満州事変）," pp. 52 – 78.

的一些结论。

3. 此后研究尤应极力强调比较分析，从各个角度进行比较史或比较社会学的分析。譬如说，反日与反英的情绪与活动便值得细心比较。反日情绪是否高于反英情绪？为什么？反日与反英的活动方式是否不同？这又为什么？另外，马来亚和香港的华人在反日与反英表现上有没有不同？省港大罢工时，香港华人的反英自不用说，那么为什么马来亚地区却没有什么大规模的反应？诸如此类的问题，属于比较史或比较社会学的范畴，只有当我们不满足于个案的纵面研究，而特别注意比较分析时，才会提出来讨论。很显然的，如果我们从这方向发展下去，那么，这项研究终究要牵涉殖民与殖民统治的问题，也可以发展成一项关于殖民地与中国民族主义运动之关系的研究。

4. 此后研究不应再把海外华人看作一个笼统的整体，相反，我们必须承认他们之间是有种种方言上、地域上、行业上的差异，证据显示，这些方面的歧义与差别常常影响他们对事情的看法与反应。因此，要想对这四十余年间海外华人的反日与反英活动有充分的了解，我们绝不可以轻易忽略这些歧异与差别对这些活动的影响。换言之，在这一点上，我们又必须强调比较分析的重要性。

5. 这些研究还要注意比较在这四十余年间不同时期发生的事件，看看这些集体行为在动员上、组织上，以及领导的方式上是否有某种发展的形态可寻。譬如说，我们可以看看中华总商会在不同时期的活动上所发生的领导作用是否不同，同样的，工会的重要性是否因地因时而异。总之，在材料容许的范围内，我们应尽可能从多方面进行比较分析。比较的方向可以包括反外行动的对象、时间、地点、主动者以及行动方式等。

其实，如果史学研究不愿意只在史实的重建上止步，而企图对史实里某些事件加以因果的解释，那么这种比较研究是不可缺少的。正如 Max Weber 所一再强调的，因果的解释，追根究底，是要透过比较分析才能获得的。我们要说 A 是 B 的因或诸因素之一，我们就必须能多少显示当 A 不存在时，B 就随之不同或不存在。因此，我们必须至少比较两种情况，一种情况里有 A，另一种情况里没有 A——看看在这两种情况里，B 的状况有何不同，除非 B 的状况果然不同，否则我们就很难说 A 与 B 有什么重要的因果关联了[①]。总之，笔者要强调的是，此后的研究当从比较里发现问题，找寻答案。

[①] 显然的，这样的分析与推论运用到 Counterfactual conditional 的命题，因而仍有一些逻辑上与方法学上的疑难必须解决，这些问题超出本书范围。感兴趣的读者可参阅 Nelson Goodman, "The Problem of Counterfactual Conditioinals," *Journal of Philosophy*, Vol. 44 (1974), pp. 113 - 128. W. V. Quine, *Methods of Logic*, Revised Edition (London: Routledge & Kegan Paul PLC, 1974) 也约略提到这些问题。此外，读者可参阅 Seymour M. Lipset and Richard Hofstadter 所编之 *Sociology and History: Methods* (New York: Basic Books, 1968)。

四 20世纪20年代星马华侨政治意识成长之研究

1. 导言

海外华人政治意识的萌芽与成长,与近代中国受外国压迫及中国政治活跃分子的倡导,有密切的关系。我国自秦"统一天下"之后,直到清季西力东渐,东亚地区并无一独立文明的国家与我国对峙,所以我国少有外交经验①。而自认为包括所有已知的文明地区的我国,自称"天下"而缺乏近代"民族国家"的概念。元末虽有反蒙人统治之观念出现,但满族入主中原后,极力铲除这种以汉族为中心的思想,使汉人原发性之雏形"民族主义"观念消失,代之而起的"文化主义",强调我国文化之包容特质与传统之社会价值,未能以"种族、语言、共同历史与文化"为基础作一群体之整合,进而凝成"民族"。因而,当时人民的政治效忠目标来自文化上的认同,而不是民

---

① 傅启学:《中国外交史》上册,台湾商务印书馆1987年版,第2页。

族主义①。

在列强势力一再冲击下,"主权"观念逐渐发达②,民族意识亦告抬头,为救亡图存,清廷遂进行"自强运动"③,立宪派与革命党亦分别致力于本身主张之推行。清廷、立宪派及革命党三大政治力量间的冲突,对马来亚之华侨社会产生巨大之冲击。原来不被重视之侨胞,成为各方面争取之对象,清廷一再派遣官吏前往星马地区宣慰侨胞,并对华侨领袖出售官衔,以吸引侨胞之效忠,立宪派及革命党则分别宣传其政治思想,争取侨胞之人力及物力支持④。星马华侨之政治意识因而兴起与发展。

2. 中国国内政局对华侨之刺激

20世纪20年代,中国国内受军阀之政治迫害,外受列强不平等条约之缚束,第一次世界大战期间,中国知识分子深受"民族自决"主张所吸引,原以为中国可在战后废除不平等条约,国际现实政治在巴黎和会的表现,对中国知识分子无疑为一沉重打击,五四运动的爆发,引起了一连串的排外事件⑤,星

---

① John K. Fairbank, Edwin O. Reischauer, Albert M. Craig, *East Asia: The Modern Transformation* (Boston: Houghton Mifflin Co., 1965), p. 84.

② John Schrecker, *Imperialism and Chinese Nationalism: Germany in Shantung* (Cambridge, Mass.: Harvard University Press, 1971), pp. 253–254.

③ 周锡瑞著,杨慎之译:《改良与革命》,台北华世出版社1986年版;张朋园:《立宪派与辛亥革命》,"中央"研究院近代史研究所1983年版。

④ 有关星马华侨与辛亥革命之讨论,参阅 Yen Ching-hwang, *The Overseas Chinese and 1911 Revolution with Special Reference to Singapore and Malaya*;辛亥革命与南洋华人研讨会论文集编辑委员会编《辛亥革命与南洋华人研讨会论文集》。

⑤ Chou Tse-tsung, *The May Fourth Movement: Intellectual Revolution in Modern China* (Stanford: Stanford University Press, 1967).

马地区之华侨亦受波及。在中国国内发生的五四运动,经海峡殖民地华文报章的报道,很快便得到星马华人社会热烈回响与同情,对日经济制裁活动迅速展开。一些富有煽动性之仇日标语,出现于新加坡各角落,而许多经营日货之华商及日人公司之华人雇员,都先后接到匿名恐吓信,槟榔屿与吉隆坡也先后发生反日骚动,群众破坏日货,袭击日厂。日人则多禁闭门窗,足不出户,以免遭受伤害。群众并与警方发生冲突,造成伤亡。在抵制日货方面,则因日货价廉物美,适合购买力弱之当地居民,且日货代理人多为华商,在当地华人压力下,勉强顺应时势,难免阳奉阴违,不肯积极推行,因此未能持久。虽然如此,此次受国内五四运动之冲击,激发星马华人认同中国的政治意识之成长①。

1925年3月12日,中山先生逝世于北京。消息传至星马,星马各地华人商店及社团,多下半旗志哀,各地纷纷举行追悼会。追悼会上,当地华文报章上对孙先生之国民革命活动及其抵抗帝国主义侵略之事迹与主张,中国当前政治情况与未来政治可能的发展,皆一再叙述、讨论与报道②。

1928年5月,日本驻山东军队企图阻挠国民革命北伐,射击中国军民,并杀害战地政务委员会交涉员蔡公时,是为"济南惨案",消息经星马报章报道后,当地华人社会立即作出反应,对日本实行经济抵制运动,并在各地成立"山东惨祸筹赈会"。筹赈会在陈嘉庚发起并领导下,发动筹款,陈嘉庚宣称:"如死者未葬,伤者未医,逃亡离散者无家可归,若能捐筹巨

---

① 详情参阅崔贵强《海峡殖民地华人对五四运动的反响》,第13—18页。
② 《叻报》《新国民日报》(皆为新加坡之重要中文报纸),1925年3月及4月。

款以救济之，则伤者可医，散者可聚。"①

此次反日经济抵制运动，维持约十个月之久。在此期间，日货之销售，受到相当大的打击，输入马来亚之货物，大幅下降②。在筹款方面，至"山东筹赈会"结束时，共募得134万元叻币。在筹款过程中，更有不少感人场面，如"海天游艺会"的演剧，该会会长八十长者陆寅杰与总司理吴胜鹏，均粉墨登场，表演唱歌以募款。胶厂工人义捐，小客车义驶，甚至小坡新街及长泰街之妓女捐献夜渡资③。

一位星马当地之华裔学者认为"济南惨案"是星马华侨政治史上之分水岭。在这以前，星马华侨之民族主义运动仍在萌芽阶段，停留在半公开、少数人之活动状态。以往同盟会之活动及五四运动所引起的学界涟漪，都不能说是具有群众性质、有效果的活动。而此次的山东筹赈运动，却为一有目标，有系统，有全盘计划，有强大领导层，有工、商、学三界支持之运动，不但突破了华族社会传统的帮界、阶级、语言范围，也获得星马侨界中英文知识分子之支持。而在思想意识上，"山东筹赈会"的宣传与广泛之募捐活动，无疑加强了华族社会亲中国的政治与文化觉悟，随着日本侵华的加剧，华族社会之民族主义思想，亦相对而蔓延深入④。

---

① 陈嘉庚在筹赈山东惨祸全侨大会之演讲全文，参阅《南洋商报》（新加坡之重要中文报纸），1928年5月18日。
② 请参阅本书第七章。
③ 杨进发：《山东筹赈会与陈嘉庚》，收入崔贵强、古鸿廷合编《东南亚华人问题之研究》，（新加坡）教育出版社1974年版，第145—146页。
④ 同上书，第146—147页。

3. 中国之党政机构与星马华侨

民国之建立，曾得力于海外华侨之相助，故民国成立后，政府便开始注意侨务工作。1918年，北京政府参加欧战，招募华工赴欧，于国务院下设侨工事务局，1922年改设侨务局[1]。广州政府则于1924年，于大元帅府大本营附设侨务局，两年后，中国国民党第二次全国代表大会，通过改组侨务行政机构，成立侨务委员会，直隶国民政府，旋撤。综观在20世纪20年代初期，中国国内政局不安，军阀割据，北京政府所设之侨务机构，因无人力、财力，成效不彰。广州政府虽与星马华侨关系较深，但亦偏重于金钱上之捐募，对侨务工作无暇顾及。1928年，国民政府定都南京，在大学院下，设立华侨教育委员会，主管侨教[2]。不久，中国国民党中央委员会决议恢复侨务委员会，次年，将侨务委员会改隶中央党部，1931年，再将侨务委员会改隶国民政府行政院[3]。

国民政府之侨务委员会，职掌包括：监督海外移民，指导、监督海外华侨之政治、经济、社会及教育各方面生活，并指导华侨子弟归国就学，以及处理海外华侨之争执纠纷事件[4]。侨务委员会及外交部之侨务司，且指派侨务特派员，其职权在不与驻外使领抵触情形下，对华侨社区之各种结社、学校、新闻组织及其他一切公共团体负指导责任，侨校及其他社团均须向其

---

[1] 周胜皋编：《海外华文学校教育》，"侨务"委员会1969年版，第30页。
[2] 同上书，第18页。
[3] 同上书，第31页。
[4] [日]长野朗：《中华民族之国外发展》，黄朝琴译，暨南大学南洋文化事业部1929年版，第276页。

登记,使能获我国政府给予法律的地位①。

国民政府定都南京后,中国进入"训政"时期,执政之中国国民党与国民政府间之党政关系密切,为配合驻外使领馆及执行侨务委员会之工作,中国国民党中央执行委员会之海外部曾设立华侨运动讲习所②,培养推动华侨社团中工作的干部,其目的为争取海外华侨支持国民革命。由于国民党与马来亚华侨,关系既久,而此区侨胞绝大部分为闽粤人民,乡土观念浓厚,而移居马来亚之华侨,虽较前往荷属东印度群岛侨民之遭遇为佳,英殖民地政府亦给予相当程度之法律保护,然当时旅马来亚地区之华侨,多数仍为第一代移民,曾受教育者为数不多,通晓英语者甚少,已归化当地而能参与当地政治活动者,当然为数更少,在心理上深盼祖国政府强大,家乡生活改善,故对宣传中国民族主义运动之中国国民党及国民政府给予相当之支持。

一般说来,在第二次世界大战以前,马来亚地区之华侨,多半以"帮"为其政治、社会与经济的群体,帮的结构主要表现于地缘性组织如会馆,血缘性组织如宗祠,以及同一方言对某种行业之控制。这些组织,使华侨与同乡保持联系,获得帮助,而对其产生归属感③。此外,由于当时在马来亚地区之华侨,多半以华侨身份自居,关注中国的政治发展,新的移民更是积极参与中国国内的政治活动④。而中国国民党及其前身之同盟会,曾在马来亚华侨社会中活动很久,20世纪20年代,中

---

① [日]长野朗:《中华民族之国外发展》,黄朝琴译,暨南大学南洋文化事业部1929年版,第280—285页。
② 同上书,第301页。
③ 新加坡华人会馆沿革史编辑委员会:《新加坡华人会馆沿革史》,新加坡宗乡会馆联合总会与国家档案馆,1986年版,第53页。
④ 同上书,第117页。

国国民党可说是当时马来亚华侨中,唯一有组织之政治团体,故其对马来亚华侨之政治意识有相当大的影响。

1919年,中山先生改组党务,以中国国民党取代中华革命党,并继续在海外进行党务之推动。在1919年10月所公布的中国国民党规约,相当注意海外工作,并且制颁了海外总支部通则及海外支部通则[①],次年,马来亚地区之党部随之改组[②]。

1920—1924年间,马来亚之中国国民党支部借着华语学校及书报社的宣传,吸收党员,发展党务。1920年新加坡支部第一分部成立。一年后,第一分部之党员人数为100人左右,并开办启明学校,同时在该校教授三民主义。1922年,分部党员人数增至150余人,1923年更增加到350余人[③]。而在第二分部,则以同文书报社为其聚会及宣传机关,加紧党务之推动[④]。1924年,中国国民党召开第一次全国代表大会,中国国民党再次改组,马来亚之党部亦随之更改。中国国民党于中央执行委员会下设一海外部,专司海外党务,海外部下更有一南洋总支部,负责马来亚地区之工作[⑤]。并由新加坡之第一、第二分部而扩增到第四、第五分部,但中国国民党采联俄容共政策之后,共产党在马来亚之活动亦日趋活跃,引起英殖民地政府注意,

---

① 罗家伦:《革命文献》第八辑,"中国国民党中央"委员会党史资料编纂委员会,1968年,第5—9页。

② 杨进发:《辛亥革命与星马华族的国民党运动(1912—1925)》,辛亥革命与南洋华人研讨会论文集编辑委员会编《辛亥革命与南洋华人研讨会论文集》,第110页。

③ 《中国国民党新加坡支部第一分部历年沿革史》,1935年6月,中国国民党党史会档案002/33。

④ 《中国国民党驻南洋英属新加坡第二分部党史》,1932年12月,中国国民党党史会档案002/21。

⑤ 《中国国民党中央执行委员会海外部报告书》,1925年1月,中国国民党党史会档案002/50。

也增加了英殖民地政府对中国国民党的戒备①。1925年，中山先生逝世于北京，4月12—13日，由新加坡之中国国民党支部领导，在新加坡举行全侨追悼孙中山大会，到坛行礼或致祭者，逾十万人。在吉隆坡和巴生的中国国民党支部，也相继发动追悼会。然而，这种吸引侨胞参与国内政治发展的行动，却遭到英殖民地政府对中国国民党的压制②。根据新加坡第一及第二分部党史的记载，有韩海邱、韩钊准、朱儒焕、陈宝儒等人密通华民政务司，搜索同文书报社及党员黄昌积寓所，并搜查启明学校，将所有一切文件俱行搜获，同文书报社被封禁，启明学校也遭封闭，黄昌积、朱拔英、苏烈南三人被拘禁后驱逐出境③。然中国国民党党员仍在夜校的掩护下继续活动。1926年2月28日，41位启明夜校师生，因开会计划抵制日货，而遭殖民地政府逮捕，启明夜校因而关闭④。

在马来亚之中国国民党，因国民政府北伐成功，而于1928年前后之短暂期间，获得公开活动的许可。除了新加坡外，在马来亚其他地区，中国国民党亦有相当程度之发展。1927年时，马六甲已有区分部十一、通讯处二，共有党员八百余人⑤，

---

① 《中国国民党中央执行委员会海外部报告书》，1925年1月，中国国民党党史会档案002/50。

② 杨进发：《辛亥革命与星马华族的国民党运动（1912—1925）》，第120—121页。

③ 《中国国民党新加坡支部第一分部历年沿革史》，《中国国民党驻南洋英属新加坡第二分部党史》。

④ Yeo Hwee Joo, "The Chinese Consulate-General in Singapore, 1911–1941," *Journal of the South Seas Society*, Vol. 41, Parts 1 & 2 (1986), p. 82.

⑤ 有关中国国民党驻马六甲直属支部及驻霹雳直属支部资料，参阅《海外党务通讯》，第一卷第四期及第一卷第十期，收集于中国国民党中央委员会第三组编《中国国民党在海外》，"中国国民党中央"委员会，1961年，第361—368页。

在霹雳则有十五个区分部①。然而，中国国民党的活动不久复遭压制。1930年，金文泰（Sir Cecil Clementi）任总督后，对在马来亚之中国国民党采取严厉压制政策，不准中国国民党在殖民地有所活动或捐款及征收月捐等事，违者处以重罚并驱逐出境，在金文泰治理下的马来亚，中国国民党党员常遭逮捕，党务几近停顿，党员人数骤减②。

4. 星马地区之华文教育

马来亚地区之华侨，与其他中国人一样，非常重视子女教育问题。早期之移民，因人数少，经济力量薄弱，受教育之人数不多③。20世纪80年代以后，移民人数增加，星马地区由于工商逐渐发达，文化事业因而兴起，义塾取代私塾，受教育人数扩大，华侨社会因而可自己培养与维护其传统。

英殖民地政府，着重以英、巫语教育培养协助统治之人才④，对华文教育采取放任态度。起初，英语教育吸收了许多学生，一些华侨亦送其子弟前往英语学校，结果造就了过多的书记人才，因而殖民地政府逐渐集中注意于技术训练。在这种情形下，华族子弟便很少再进入英语学校，20世纪20年代时，英语教育与大部分星马华侨无关，大多数华侨子弟都被送往华文学校。造成这种现象，大约有两大原因，首先，人口中有一大部分是属于移民性质，许多华侨子弟到星马时，已超过进入

---

① [英]巴素：《马来亚华侨史》，刘前度译，《光华日报》社，1950年，第159页。英殖民地政府对马来亚地区之中国国民党之种种活动，曾有详细记载，其档案编号为 C. O. 273/537。

② 同上。

③ 《中国国民党驻南洋英属新加坡第二分部党史》。

④ [英]巴素：《马来亚华侨史》，刘前度译，第160页。

英语学校的年龄；其次，当时一般人都认为英语教育只能培养文书人员这种"白领"职业，然而这方面的就业机会已很稀少①，并且职业训练又与华侨的传统知识追求不相符合，因而在20世纪20年代，星马华语学校吸收了大部分华侨子弟，而国民政府也一再大力推动华侨教育，准许海外侨校向中国申请立案，承认其学业资格②，同时鼓励华侨子弟回国就学③。

在教育上，英殖民地政府虽将大部分人力、物力投注于英语及马来语教育，但也曾以补贴制度，试图置华语学校于监督之下，然而，华语学校反应冷淡，华校教师认为接受监督，将侵害到教师之教学自由，由于他们的反对，阻止许多学校之董事会去申请这种带条件之补助④。英殖民地政府因尚未了解华语学校在星马地区扮演角色之重要性，对华校之不愿接受监督，在20世纪20年代以前，并未采取更积极之政策。

由于英殖民地政府对马来亚地区之华文教育，一向采取放任态度，大体而言，只要华语学校的活动，不直接危害殖民地之治安，不挑战英国之统治权，殖民地政府便不干涉。然而马来亚地区之华文教育，固然不太受殖民地政府之干涉，但殖民地政府也甚少对华文学校给予经费上之支持⑤。所以，当时华文学校之经费，必须大部分依靠当地的华侨社区。一般来说，许多侨校没有理想的校舍，或新式的设备，必须尽量节省各种开

---

① [英] 巴素：《东南亚之华侨》，郭湘章译，正中书局1968年版，第487页。
② [日] 多贺秋五郎编：《近代中国教育史资料》，《民国篇》（中），文海出版社1976年版，第484—485、571页。
③ 同上书，第486页。
④ [英] 巴素：《马来亚华侨史》，刘前度译，第161页。以1931年为例，马来亚地区之818间华文学校，只有153间接收政府之补助。参阅 C. O. 273/579, *Monthly Review of Chinese Affairs*, No. 19, March 1932。
⑤ 许甦吾：《新嘉坡华侨教育全貌》，（新加坡）南洋书局1950年版，第9—11页。

支，教师的待遇也很菲薄。经费的来源，通常都由经济情况较好的华商负担，这些华商，有的以个人直接捐款方式，成立董事会，支持侨校的兴建与维持，有的则通过各方言群的会馆组织来办学校。星马地区之侨办学校，最初俱为小学，以后才逐渐扩充，增加职业课程，进而开始创办中学，第一所华文中学为1904年在槟城创办之中华学校，1917年槟城之钟灵学校扩设中学，1919年，新加坡及槟城分别创办华侨中学，以后各地华校逐渐扩办中学[①]。星马之华侨教育，虽在经济困难情况下惨淡经营，却能继续维持与成长[②]。

地缘性之会馆，原为凝结来自同一方言群移民之结合，协助并约束同一方言群之移民，凡遇同乡有病或遭灾难，则集资相助，年老无依者，则或筹措川资，助其返回祖国，或补助其生活费，死亡者，提供棺木、墓地，会馆内且常安置同乡之神位，以慰死者。当然，这些会馆除了提供互助外，并以扶助华侨教育、促进文化为目标[③]。

由各方言群华侨组成的会馆，在星马华侨社会中，一直扮演着重要的社会、经济与政治的角色，在兴办与维护华文教育的任务上，亦有其不可忽视的贡献。1906年，福建帮商人创办

[①] 周胜皋编：《海外华文学校教育》，第17页；沈瑞英：《南洋华侨中学之创建》，《南洋大学亚洲文化研究所研究报告集刊》，南洋大学亚洲文化研究所，1975年，第109—115页。

[②] ［英］巴素：《东南亚之华侨》，郭湘章译，第484页。

[③] 有关星马地区华侨会馆之活动，参阅吴华《新加坡华族会馆志》三册，南洋学会，1975年版；温州会馆编《新加坡温州会馆四十周年纪念特别刊》，新加坡温州会馆，1963年；陈稚农主编：《新加坡两湖会馆庆祝廿周年纪念及筹募新会所基金游艺大会特刊》，新加坡两湖会馆，1967年；南洋客属总会：《南洋客属总会第三十五、三十六周年纪念刊》，新加坡南洋客属总会，1967年；新加坡华人会馆沿革史编辑委员会编：《新加坡华人会馆沿革史》；新加坡茶阳会馆编：《新嘉坡茶阳会馆百年纪念刊》，新加坡茶阳会馆，1958年。

道南学校,起先借用闽商陈金钟氏之住宅,1912 年,在闽侨侨领陈嘉庚领导下,建立新校舍。1929 年,福建会馆改组,设立教育科,致力侨教,正式接办道南学校。以往广帮所建之养正学校(1905 年),客帮之启发学校(1904 年)、应新学校(1906 年),潮帮之端蒙学校(1906 年),都只收录本方言群之学生。由于道南学校首先打破帮派的隔膜,收录其他方言群之学生,其后,各校效尤,华侨教育中因不同地缘会馆组织,所建立学校间的隔膜,因而大为减少,而不同方言群之子弟因混合在同一学校,而产生相同意识的机会,也因而增加。

当 1917 年,"国语"运动在中国国内展开后,"国语"逐渐取代各地方言,成为各级学校之教学媒介。三年后,北京之中国政府,正式下令,以"国语"作为法定教学媒介,星马地区之各级华文中、小学亦于 1920 年采用"国语"为教学媒介[1]。在马来亚的华文中、小学,"国语"的推行,虽然教师来自中国各省,其"国语"发音并不纯正,然而,一般来说,"国语"的应用,远比中国国内发达[2],因为在星马地区,华侨虽来自闽、粤两省,但可粗分为福建(即闽南)、广府、潮州、海南及各类客家方言群,相互间在口语上无法沟通,因此,"国语"成为各方言群间的共同沟通工具。

当新加坡华校于 1919 年设立南洋华侨中学时,星马地区并无合格之中学教师,且华侨教育一向被视为中国教育之一环,因此函请国内教育界推介教员,经上海教育会之协助,聘任湖南籍之涂开舆为首任校长,安徽之李幼泉等四人为教师,建校经费自 1918 年起,屡次由星马各地侨界捐助,逐渐扩建,1925

---

[1] [日]巴素:《马来亚华侨史》,刘前度译,第 160 页。
[2] 同上书,第 163 页。

年，且建竣一可纳千人之大礼堂，耗资叻币 13 万元①。由于殖民地政府及中国当局都无甚资助，建校经费及维持费，除小部分来自学费外，其余来自侨界，"有的本着爱国兴学之心而自动出钱出力；有些则是被劝说而捐输，更有一些剧团义演募款以助学。学生方面也利用时机演剧筹款，以充学校之经费"②。

五四运动发生前，星马地区就已有许多华文中、小学遍布全区，当时英殖民地政府对马来亚地区之华文教育采取消极放任政策，任其自生自灭，当然，殖民地当局对华文教育训练出来的学生，亦不承认其学业资格。英殖民地政府对华文教育这种几近完全放任的政策，后因马来亚地区华文学校之响应五四运动，及参与许多"倾向中国"之政治活动，而屡作修改③。1920 年 10 月海峡殖民地颁布教育法案，次年，马来联邦亦公布类似条例④，规定教师须经注册承认，这些条例旨在监视殖民地之各类学校之经营，企图消灭与殖民地利益冲突之教育活动，授权殖民地总督可对教导有关革命或与殖民地利益冲突的学校，宣布其为非法团体而予以取缔。为反对此项注册法令，华文学校之领导人曾一再力争反对，结果导致代表余佩皋、庄希泉及钟乐臣等被驱逐出境⑤。但实施注册条例初期似未对星马侨校发

---

① 南洋华侨中学：《华中金禧纪念册》，南洋华侨中学，1969 年；陈嘉庚：《南侨回忆录》，第 20 页。

② 《叻报》1920 年 5 月 29 日，1921 年 4 月 22 日。

③ Gwee Yee Hean, "Chinese Education in Singapore," *Journal of the South Seas Society*, Vol. 25, Part 2 (1970), pp. 100－127.

④ 1920 年之条例第三十七条规定："凡经总督及议政局在宪报宣布禁用之书籍，则各注册学校内之人不得用之。"1926 年之条例第廿七条更明白规定："禁用不适宜之书籍"。有关《英籍三州府学校普通章程》(1920 年)，《学校注册条例》(1926 年)，及《英属马来联邦政府学校注册条例》(1934 年)，参阅张正藩《近六十年南洋华侨教育史》，"中央"文物供应社，1956 年，第 41—57 页。

⑤ 宋哲美：《星马教育研究集》，香港东南亚研究所，1974 年，第 71 页。

展有重大影响,马来亚地区新成立之华校数目,仍继续成长,1920—1930年间,星马地区共有147间华文学校创立①。据陈嘉庚回忆称:"虽校长教师须经注册承认,若无不法行动,却亦无何干涉,且时常派视学员到校视察,对卫生上甚加注意,唯三民主义书籍不许教授。"②

星马地区的侨校,其课程与教材,都受中国国内教育发展的影响,课程沿袭中国体制,教科书也都来自中国。早期马来亚侨校,如1854年设立之萃英书院,即为一私塾形式而成立,旨在承继中国的儒家教化,期冀子弟接受圣贤传统,达到立身处世之道,不忘祖国。20世纪以降,始逐渐脱离私塾形式,课程亦由四书五经转变成新式教育内容,以适应社会之需求③。然其教育体制与教材,仍紧紧追随中国,以中国的教育制度为依归,多依中国的教育法令规定而设立。当中国方面规定"小学修业年限六年,前四年为初级小学,后两年为高级小学。中学修业年限六年,前三年为初级中学,后三年为高级中学"④,马来亚各地的侨校亦皆遵照这种规定而切实实行⑤。各校教师亦函请中国教育部分派⑥。

至于教科书方面,星马之华侨中、小学校,一开始就采用

---

① 张正藩:《华侨教育综论》,台湾商务印书馆1970年版,第12—16页。
② 陈嘉庚:《南侨回忆录》,第21页。
③ 许甦吾:《新嘉坡华侨教育全貌》,第14—16页。
④ 唐青:《新加坡华文教育》,台北华侨教育丛书编辑委员会,1954年,第216页。
⑤ 这种三·三制的中学体制,直到1962年才在新加坡教育部指示下改为英制的四·二制,即中学为四年制,再加二年高中(或称为大学先修班)。参阅丁莉英《新加坡华校课程及教科书的演进初探(1951—1972)》(南洋大学历史系荣誉学士学位论文,1973年)。
⑥ 沈瑞英:《南洋华侨中学校之创建》,第111页。1922年中国国内改革学制,将初等小学四年,高等小学二年改为三·三制之六年小学,次年,马来亚各华校随而改革。参阅丁莉英《新加坡华校课程及教科书的演进初探(1951—1972)》,第1—12页。

上海之商务印书馆或中华书店出版之教科书。由于当时并无专为华侨子弟撰写之教科书，商务版或中华版之教科书，充其量只描述及讨论中国之情况，这种现象后曾因侨校之反映而稍作修改，加入适应当地环境之材料①。20世纪20年代，随着中国国内民族主义运动之发展，政治色彩之材料，逐渐渗入教材之中，许多排外事件都编入中、小学课本之中，因而引起英殖民地政府之不满。据当时担任英殖民地政府官员之巴素日后回忆宣称，中国出版之教科书，充满反英宣传，例如述及1925年之五卅惨案时，一幅身穿制服之英警向徒手群众开枪之插图赫然出现。在历史教科书上，亦大量出现类似甚具煽动反英情绪之描述。巴素认为，这种教科书向马来亚地区华语学校学生灌输了仇英的思想，当然很难为殖民地政府接受②。在殖民地政府禁止此类教科书进入马来亚地区后，商务印书馆及中华书局只好另为华侨学校编印一套可为英殖民地政府接受的教科书，当然，这种政策纯为一消极减少反英情结的做法，因为华语学校教科书完全出自中国，内容完全是关于中国的材料，书中未提及马来亚之历史、地理，以及与当时生活有关之人、事、物等③。

5. 星马地区之华文报纸

对已不在学校的马来亚华侨识字者而言，中文刊物，尤其当地出版之报章杂志，不但提供必需资讯，更在指导公共意识上居于领袖地位。马来亚当地出版之中文报纸，出现甚早，

---

① 张正藩：《华侨教育综论》，第38页。
② 丁莉英：《新加坡华校课程及教科书的演进初探（1951—1972）》，第41页。
③ ［英］巴素：《马来亚华侨史》，刘前度译，第162—163页。

1837年，原由广州出版之《东西洋考每月统计传》，因受清政府之压力，移至新加坡，继续出版近一年，至鸦片战争前才停刊。在1838—1881年间，新加坡中文报业上，出现一段空白，其主要原因，不外为当时华侨人口稀少，且文化水准不高①。英法联军之役后，清廷明令准许华工前往海外谋生，马来亚因胡椒、甘蔗、豆蔻之种植，以及锡矿之开采，大批华工涌入，而新加坡为东南亚地区之主要转口港，位居东南亚航运之要津而日趋繁荣，一批华侨富商兴起，华侨社会中识字人士增加，为中文日报的出现提供有利条件②。1881年，《叻报》（1881—1931年）创刊，为星马地区第一份中文日报。其创报之目的，据《叻报》资料宣称："本报居停，生长炎洲，沉潜学海，囊归祖国，读书十年，尝慨夫叻地同侨，囿于旧俗，身之与国，漠不相关，怒然忧之，遂以觉世牖民，引为己责，念裨风教者莫良于报，于是毅然奋发，独任其难。"③ 1894年以前，《叻报》言论偏重当地事务。甲午战争以后，我国政局动荡不安，《叻报》减少许多说教式的文章，逐渐增加有关中国情况之探讨。一般说来，《叻报》对中国政治的立场，始终是亲当权派的④。由于创办初期（1881—1890年），星马地区没有第二家中文报纸，《叻报》遂一枝独秀，报坛亦平静无事。1890年前后，《星报》（1898年）、《日新报》（1899年）陆续创刊，其中《星报》言论甚为保守，坚决反对侨居星马之侨胞接受

---

① Chen Mong Hock, *The Early Chinese Newspapers of Singapore, 1881-1912* (Singapore: University of Malaya Press, 1967), pp. 12-14.
② 何舒敏：《新加坡最早的华文日报——叻报（1881—1932）》，《南洋学报》第三十四卷第一、二期（1979），第8页。
③ 《叻报》1911年12月11日、12日。
④ 见柯木林撰《叶季允任主笔期间（1881—1921）的叻报》，《星洲日报》1973年6月12日。

西化观念①，《天南新报》及《日新报》则支持改革②。戊戌政变后，保皇党、革命党纷纷到海外宣传，星马成为保皇、革命两派的文宣角力场所，革命党人在星马所办之《中兴日报》（1907—1910年）、《石叻总汇新报》（1906—1946年），先后加入笔战，激发星马华侨知识分子政治意识的觉醒与发展。至20世纪20年代，《叻报》及《石叻总汇新报》仍然存在，加上20年代创办之《光华日报》（1927年至今）、《南洋商报》（1923年创刊，1983年3月始与《星洲日报》合并为《联合早报》《联合晚报》）、《新国民日报》（1919—1940年）及《南铎日报》（1923—1945年）③，星马地区之中文报纸，提供侨胞许多不同观点之消息与评论。而于1924年改组后的中国国民党，更运用其组织力量，在其所有之报纸，于马来亚华侨中，鼓吹中国民族主义之政治意识，当时，中国国民党直接控制了新加坡之《新国民日报》、吉隆坡之《益群报》、槟榔屿之《光华日报》及双溪大年之《南洋时报》④。这些源自中国却在马来亚发行之华文报纸，成为传达与联系马来亚华侨与中国本土，尤其南方革命政府的重要资讯工具，许多有关中国民族主义及其革命政府之活动与理论，都经由这些党营报纸传到马来亚华侨社会。1925年3月12日，中山先生逝世于北京，马来亚地区之华文报纸，亦在《新国民日报》之领导下，大幅刊登中山先生之种种事迹及其革命理论、一向采保守态度、支持当权派的《叻报》，亦开始刊登许多中

---

① Chen Mong Hock, *The Early Chinese Newspapers of Singapore, 1881–1912*, p. 60.
② Ibid., pp. 71、78、79.
③ 新加坡国立大学图书馆馆藏目录。
④ 《中国国民党中央执行委员会海外部报告书》。

山先生之主张①。

马来亚地区之华文报纸,除了报道许多中国国内发生之重要事件外,也常在当地发动以中国为效忠目标之活动。1927年3月,在新加坡发生之"牛车水事件"②,各华文报纸大幅刊载,并称中山先生之逝世日为国忌日③。同时,所有马来亚之华文报纸都以"民国"为纪元。各报都辟有"祖国"或"国内"新闻版面④。明显表示马来亚地区之各华文报,不论其政治及社会主张、立场,都以中国为其政治认同之目标。随着中国国内政治局势的演变,马来亚地区之华文报纸亦更积极呼吁华侨关怀"国事"。领导中国国民革命之中国国民党之党员及其宣传机关,固然不放弃任何可鼓吹效忠中国政治意识之发展的机会,连以马来亚当地侨胞生活为中心之《叻报》,亦不得不一再呼吁侨胞勿忘祖国。1926年3月,《叻报》竟对广州国民政府之黄埔军校作一连续九天之详尽报道,并在报道军校各项军事及政治训练时,不殚其烦地介绍国民政府之政治理念⑤。国民政府北伐后,《叻报》更出版《黄花岗纪念专刊》,倡导侨胞之爱国精神⑥。

---

① 《新国民日报》1925年3月12日至4月10日;《叻报》1925年3月13日、16日。
② 有关该事件之报道,可参阅《叻报》1927年3月14日;《新国民日报》1927年3月14日、31日;《石叻总汇新报》1927年3月14日、16日、18日、19日、21日; The Straits Times(《海峡时报》,新加坡出版之重要英文报纸),March 14, 18, 1927。
③ 《石叻总汇新报》、《新国民日报》1927年3月14日。
④ 散见《石叻总汇新报》《叻报》《光华日报》《新国民日报》《南洋时报》《南洋商报》《益群报》等报之刊头及编排版面。
⑤ 《叻报》1927年3月8日至17日。
⑥ 《叻报》1928年4月27日。

6. 讨论

政治意识的兴起与发展，与外来刺激似有密切关系，生物体之"生物人"需通过社会化之过程成为"社会人"，也经由政治化过程而称为"政治人"。在"生物人"转化成"社会人"及"政治人"过程中，教育扮演着重要角色。教育与大众传播成为提高国民之民族意识的有力工具[①]，20世纪以来，马来亚华文教育之逐渐发达，培养了马来亚地区华文源流侨胞对中华文化之认同感。20年代，中国外受列强，尤其日本之侵略，内受军阀割据之压迫，民族主义之意识在中国知识分子中成长。以往中国国民党倡导之国民革命，以及其他政治活跃分子发动以中国为政治认同的各种活动，曾获得马来亚地区侨胞之广大回应，如今各级华语学校之使用来自中国本土的教科书，更一再强化受教者对中国作政治认同之意识。英殖民地政府虽自五四运动后，逐渐体认华语教育对马来亚华侨之影响，以及中国本土所出版教科书对英殖民统治之可能危害，但却未能制定有效之策略。为防止华侨社会中的中文学校会产生不利于殖民统治的思想，1920年后，殖民地唯一再针对漏洞，颁布各种条例、学校规章，以图阻止星马华侨子弟产生效忠中国之政治意识。然而，英殖民地政府之规定，并未能割断星马侨校与中国本土之间的联系。其主要原因约可分为两项。首先，英殖民地政府并无积极消除倾向中国政治意识的有效政策，只要马来亚华校无明显反英之活动，殖民地政府对侨校便只作消极之监督。其次，英殖民地政府在马来亚之教育，主要在培养少数英

---

① 江炳伦：《政治文化研究导论》，正中书局1983年版，第2—3页。

语教育人才，帮助其统治星马，因而，殖民地政府从未训练星马华语学校所需之教师，并未鼓励出版"适合"当地华语学校所需之教科书，而让马来亚地区之华文中、小学校完全依赖来自中国之教师及教科书。在这种情形下，马来亚侨校培养出来之学生，自然与其祖国关系密切，对中国国内政治发展情况之关怀程度，远比对其侨居地之马来亚来得密切。

由于语言、教育背景、出生所在地以及政治权力之行使等等因素，20世纪20年代居住于马来亚地区之华侨，多半无法参与当地之政治活动。英属马来亚殖民地政府，虽比荷属东印度、菲律宾及南美各地政府对华侨宽大，但并无积极之"同化"政策。居住于马来亚之华侨，充其量为较其他地区少受些歧视的寄居者，虽然，能衣锦还乡者不多，但为数甚多之第一代移民及其受华文教育之子女，仍以中国为其情感上之皈依目标，而此种情感上之认同，经中国国民党之努力，华文教育之培养以及华文报纸之鼓吹，许多马来亚华侨产生对中国之政治效忠，以中国为其政治认同目标，原来以各方言群组成的"帮"为认同目标之情感，因面对共同敌人而逐渐扩大，而这种扩大的有利工具，则为共同之语言。以往，中国文字上之统一，曾提供"中国"境内人民在文化上融而为一的基础，发展成一中华文化。清季以来，中外之间之持续冲突，曾激发星马华侨向中国关注的情绪，早在中华民国成立之前，星马华侨即曾杯葛日货，表示他们曾对日本侵犯之不满，以及他们在政治上认同中国之情感[1]。如今，"国语"之推行与逐渐使用，更提供受过华文教育之马来亚华侨，一项容易彼此沟通之工具，使

---

[1] Yoji Akashi, "The Nanyang Chinese Anti-Japanese and Boycott Movement, 1908–1928: A Study of Nanyang Chinese Nationalism," p.70.

以"中国"为一整个之政治意识得以急速发展，1928年星马地区华侨对"济南事件"之反应，足以说明20世纪20年代星马华侨以中国为政治效忠目标上之发展。以往一小撮人参加的活动，已成为一参与人数众多、超越帮界、深具政治意义之活动。

在这时期，除中国国民党之活动外，共产党亦在星马华侨中相当活跃。在中国国民党之"容共"期间，共产党员借中国国民党之名义及机构，推动其工作①。1927年，中国国民党在国内厉行清党，不少共产党员逃往国外，虽因星马华侨社会之特殊环境，未能急速发展，但亦在中国国民党之一些分部中，造成分裂②。然而，英殖民地政府对温和分子和激进分子一视同仁，企图加以限制③，但又担心激怒1927年以后已掌握中国政治权力的中国国民党，不愿或不敢采取严厉手段，以致成效不彰，任由马来亚华侨以中国为政治效忠目标之意识继续成长。

向中国认同之华侨，因中国民族主义运动者之努力，成为中国名副其实的"臣民"，国民政府建都南京之后，因未能注意星马当地之政治发展，忽略当地土著民族主义之兴起，而继续将星马华人"中国化"，而星马华人在中国民族主义之激荡下，积极参与中国之国民革命运动，并对祖国做人力、财力上之贡献，造成日后土著民族对华侨之误解与敌视④。20世纪20年代之星马华侨，其政治意识之兴起，因局限于对中国之政治认同意识之发展，而未能演变成一种普遍的政治意识的觉醒，

---

① 当时中国国民党中央执行委员会海外部部长彭泽民即为共产党党员，参阅中国国民党中央委员会第三组《中国国民党在海外》，第162—163页。
② 《中国国民党驻南洋英属新加坡第二分部党史》。
③ Evelyn Sim Cher Lan, "The Kuomintang-Communist United Front in Malaya, 1924 - 27," pp. 21 - 22.
④ 郑良树：《华人文化与马来亚华人》，《新社学术论文集》第二辑，（新加坡）新社，1972年，第123页。

更未促进侨胞积极参与当地之政治活动,因而当日后土著民族主义兴起后,受华文教育之星马华侨无法在当地政治上扮演举足轻重之角色。

附表1　　　　　　　　　英属马来亚华侨人口

年代	人数 \ 地区	海峡殖民地	马来联邦	马来属邦及文莱	总计
1921	华侨当地出生者	144857人	81976人	31690人	258523人
	华侨总人数	498547人	494548人	171682人	1164777人
1931	华侨当地出生者	249495人	205245人	79271人	534011人
	华侨总人数	663351人	711274人	254196人	1628821人

资料来源:C. A. Vlieland, *British Malaya*:*A Report on the 1931 Census*(London:Malaya Information Agency, 1932),p. 69。

附表2　　　20世纪初期马来亚地区新成立华校数目分布

年代 \ 数量 \ 地区	海峡殖民地	马来联邦	总数
1900—1909	20	6	26
1910—1919	50	50	100
1920—1929	100	25	125

资料来源:周胜皋编《海外华文学校教育》,第7—15页;张正藩《近六十年南洋华侨教育史》,第9—16页。

附表 3　　　　　　　　1928 年马来亚地区华文学校统计 *

类别　数量 地区	学校数目	教员数	学生数
海峡殖民地（三州府）	335	966	22554
马来联邦（四州府）	361	839	21328
总计	696	1805	43882

* 马来属邦之华文教育，固远逊于马来联邦或海峡殖民地，然大小华校及学生人数，当可及三州府或四州府之半数，见钱鹤编《南洋华侨学校之调查与统计》，第538页。

资料来源：钱鹤编《南洋华侨学校之调查与统计》，暨南大学南洋文化事业部1930年版，第534—535页。

附表 4　　　　　　　　1928 年马来亚华侨学生统计

性别　数量 校别	男	女	总数
华校	34044	9917	43961
英校	19041	5930	23971

资料来源：钱鹤编《南洋华侨学校之调查与统计》，第534—537页。

五　中国国民党改组后在马来亚之群众运动

——以1927年之"牛车水事件"为例

1. 前言

有关中国国民党在马来亚地区[①]的种种政治活动，一向是引人注目，且具争议的主题。英属马来亚殖民地政府向来采取强硬的立场对付任何危及本身利益的活动，中国国民党在马来亚的许多政治活动，被视为国民党企图推翻英国殖民地统治的阴谋，因此，马来亚政府曾宣布国民党为非法组织，禁止其种种活动。然而中国国民党及其支持者，则认为其种种活动具有合法的性质，并否认中国国民党有煽动反英的意图。本书欲就20世纪20年代，中国国民党在马来亚地区之活动，作一全面性的探讨，并对1927年的"牛车水事件"做个案研究，期能对此时之中国国民党活动的性质与范围做更周全的了解。

---

① "马来亚"一词，系指地理上之马来半岛，包括当时的马来联邦、马来属邦及海峡殖民地等三区。海峡殖民地则为新加坡、马六甲及槟榔屿之合称。

五　中国国民党改组后在马来亚之群众运动

为了拯救祖国，孙中山先生先后组织了兴中会、同盟会，号召华侨参与革命，由于马来亚华侨人数众多，孙中山先生及其革命同志曾在此区做出各种努力，宣扬革命主张，吸收星马华侨从事革命工作。孙中山先生及其革命同志在星马地区的种种政治活动，鼓舞了马来亚华侨政治意识的觉醒，并产生一种倾向中国的政治意识①。

1911年，辛亥革命成功后，孙中山先生所领导之国民党，吸引了许多马来亚华侨的加入。早在1912年，国民党已在新加坡成立支部，稍后并在吉隆坡、怡保、槟榔屿及其他城市，也纷纷设立支部②。二次革命失败后，袁世凯的北京政府宣布国民党为非法组织，此项宣布造成马来亚各支部的困扰。由于大英帝国与袁世凯政权良好的外交关系，英属马来亚殖民地政府对国民党在马来亚的各支部亦采取敌对的态度。1914年，国民党在马来亚的各个支部已名存实亡③，然而，袁氏之北京政权，由于缺乏有效侨务机构，无法促进马来亚地区"中国意识"的成长。马来亚华侨在20世纪20年代，除了1915年的抵制日货运动外，对中国国内政权的演变，显得相当冷漠④。

---

①　保皇党首领康有为于戊戌政变后，前往马来亚，鼓吹保皇思想，革命派之杨衢云于1900年初，将兴中会引进马来亚，孙中山先生则数月后继续前往，宣传革命思想。有关此一时期马来亚地区之华侨政治意识之讨论，参阅Yen Ching-hwang, *The Overseas Chinese and the 1911 Revolution with Special Reference to Singapore and Malaya*。

②　1912年时，国民党在马来亚地区共有30个支部。参阅Png Poh Seng, "The Kuomintang in Malaya, 1912-1941," p. 215。

③　Evelyn Sim Cher Lan, "The Kuomintang-Communist United Front in Malaya, 1924-27," p. 4；殖民地政府曾以国民党槟城支部有倡导反袁世凯之嫌，而不准其注册。参阅Png Poh Seng, "The Kuomintang in Malaya, 1912-1941," p. 217。

④　1915年时，日本趁欧战正酣之时，向我国提出所谓"二十一条款"，扩大日本在华利益。消息传至马来亚，引发了华侨之强烈反日情绪，在新加坡中华总商会领导下，在华侨社会中，发动了一次抵制日货运动。有学者认为，如果不是适逢第一次世界大战的话，马来亚地区的反日活动恐将更为激烈。参阅Yoji Akashi, "The Nanyang Chinese Anti-Japanese and Boycott Movement, 1908-1928: A Study of Nanyang Chinese Nationalism," p. 72。

1919年的五四运动，原为学生爱国运动，在"外抗强权，内除国贼"的口号下，知识分子发起了抵制日货的运动，全国各界群起响应，以罢工、罢市支持学生之呼吁；马来亚地区之华侨，对五四运动亦产生强烈的反应，许多侨胞响应抵制日货之活动，仇日情绪高涨[①]，孙中山先生身为常年活跃于海外之政治领袖，适切地运用此种良机在马来亚地区，激发侨民效忠祖国的政治意识，并扩大中国国民党在侨胞中的影响。五四运动后，不少国民党党员前往马来亚地区宣扬孙中山先生之三民主义[②]。当国民党重新争取海外侨民支持时，中国境内之中国国民党，在孙中山先生之领导下，改组成一组织严密之革命政党，并对群众采取积极态度[③]。中国国民党的这项改组，在星马地区引起很大的影响，许多革命同志，反对新的政策，甚至诋毁孙中山先生之联俄容共的政策[④]。然而，他们的反对并未动摇孙中山先生改组的决定，孙中山先生认为党的改组将有助于革命事业，助其早日完成中国之统一。

[①] 在马来亚地区，华侨响应五四运动，而发起的反日活动，可说是相当激烈，虽然在这次的反日运动，掺杂着不少其他因素，但不容否认的，知识分子借此次抵制日货的活动，一再在侨胞中，倡导倾向中国政治意识的发展，有关星马华侨对五四运动的反应，参阅崔贵强《海峡殖民地华人对五四运动的反响》，第13—18页。

[②] Yoji Akashi, *The Nanyang Chinese National Salvation Movement, 1937—1941*, p.2；中国国民党新加坡第一分部在1920年成立后，曾在振群学校掩护下，进行各种活动。该分部后来自己设立启明学校，分部成立时，只有党员50人，到1924年时，已增加到350人。详情参阅《中国国民党新加坡支部第一分部历年沿革史》。1919年10月10日，中山先生正式通告海外各支部，确定其所领导的革命党为中国国民党，加"中国"两字，使其有别于1912年之国民党。

[③] 为能有效领导群众，改组后之中国国民党，命令其党员在非党组织内成立党团，协助其推动国民革命之工作。1924年之中国国民党总章第七十七条明白规定："在秘密、公开、或半公开之非党团体，如工会、娱乐部、会社、商会、学校、市议会、县议会、国议会之内，本党党员须组织成国民党党团，在非党中扩大本党势力，并指挥其活动。"参阅罗家伦《革命文献》第八辑，第138页。

[④] Evelyn Sim Cher Lan, "The Kuomintang-Communist United Front in Malaya, 1924 - 27," p.12.

2. 中国国民党在马来亚的群众运动

改组后的中国国民党由于组织严密，对群众采取新的政策，因而能够吸收群众支持其革命事业。中国国民党在马来亚之各支部，在海外部之领导下，从事提倡各种倾向中国之政治意识的活动，在马来亚之中国国民党党员或党友，到处分发这些在广州印制、大力提倡中国民族主义意识的宣传品。由于这些宣传品，具有强烈的反英色彩，乃引起英殖民地政府之不满[①]。

同时，中国国民党在马来亚地区之党务工作蒸蒸日上，党员人数大量增加，由新加坡之第一、第二分部扩增成第四、第五分部[②]。除了新加坡外，在马来亚的其他地区，中国国民党亦有相当程度的发展。1927年时，马六甲已有11个区分部，共有党员800余人，在霹雳则有15个区分部[③]。由于当时的中国国民党采取联俄容共的政策，在无法区分真正国民党员与共产党员情况下，马来亚殖民地政府对中国国民党采取戒备的手段[④]。

为推动其革命工作，中国国民党在马来亚的群众运动，致力于知识分子及劳动阶层之组织，除了各书报社，改组后的中

[①] 许多年后，曾任英属马来亚殖民地官员的巴素在其回忆中指出：当时中国国民党在马来亚地区之反帝国主义目标为英国，许多在广州印制的宣传品，都深具反英色彩。因而，马来亚殖民地政府对此类印刷品实施管制，不准其进入马来亚。参阅 Victor Purcell, *The Chinese in Southeast Asia*, pp. 358 - 359。

[②] 《中国国民党中央执行委员会海外部报告书》；《中国国民党驻南洋英属新加坡第二分部党史》。

[③] 有关中国国民党驻马六甲直属支部及驻霹雳直属支部资料，参阅《海外党务通讯》，第一卷第四及第十期。

[④] 有关马来亚殖民地政府对马来亚地区之中国国民党之活动的记录，可参阅 C. O. 273/537，其档名即冠有国民党（Kuo Ming Tang）字样。

国国民党,在马来亚地区设立并维持许多华文学校。1925年,中国国民党在马来亚之支部,直接创办11间华文学校,另外有许多华文学校,亦在其资助或支持下成立①。在这些华文学校中,大部分的教职员为中国国民党党员或党友,这些教职员在马来亚殖民地政府眼中皆为极端的左翼分子②。为抵制中国国民党的各种政治活动,马来亚殖民地政府在1925年宣布"禁止中国国民党的各种活动"③。然而,殖民地政府的限制条例,并未能发挥效力,中国国民党在马来亚继续成长,在广州之南洋总支部指挥下,许多中国国民党支部在马来亚地区继续设立,中国国民党似乎对海峡殖民地中的新加坡特别重视,以新加坡为中心,强化其在马来亚侨胞中之政治影响,自1926年,中国国民党已在新加坡设有7个支部④。

在马来亚地区之中国国民党,除了通过正式教育制度,并设立许多夜间学校。此种夜校主要为白日工作之成年人而设立,采用"国语"当做教学媒介,参加就读之人士,常被社会大众

---

① 《中国国民党中央执行委员会海外部报告书》。根据中国国民党现存资料显示,为推动国民革命吸收党员,中国国民党所办之启明学校,曾一再遭到殖民地政府的搜查、骚扰,1930年时,学校被迫关闭。参阅《中国国民党新加坡支部第一分部历年沿革史》。有关各侨校参与孙中山先生之追悼会情形,参阅《叻报》1924年3月14日、16日;道南学校:《新加坡福建会馆属下道南学校六十周年纪念特刊》,新加坡道南学校,1967年);《南洋女子中学五十周年纪念特刊》,新加坡南洋女子中学,1967年。

② 虽然海峡殖民地政府在1914年时便已宣布国民党为非法组织,但马来联邦政府直到1925年始采取相同态度。不过,尽管马来亚之殖民地政府自1925年开始压制中国国民党之种种活动,党部组织仍甚健全。到1930年金文泰担任海峡殖民地总督兼马来联邦最高行政专员后,中国国民党所推动以中国为华侨效忠目标之活动,始受到严重之威胁。参阅 Alun Jones, "Internal Security in British Malaya, 1895–1942" (New Haven: Yale University, Ph. D. dissertation, 1970), p.194;《海外被逐华侨回国留京同志会周年纪念刊》,南京,1934,中国国民党党史会档案1—482/352。

③ Gene Hanrahan, *The Communist Struggle in Malaya* (Kuala Lumpur: University of Malaya Press, 1971), p. 33.

④ 参阅《中国国民党中央执行委员会海外部报告书》;《中国国民党新加坡支部第一分部历年沿革史》;《中国国民党驻南洋英属新加坡第二分部党史》。

视作思想激进之人士[①]。在马来亚之中国国民党支部,似乎以夜校作为其宣传政治主张之场所。曾有一份马来亚殖民地政府之报告指出:"在夜校中,政治活跃人士透过演讲、手册,或其他方法进行颠覆活动。"[②] 为了打击这些被视为反殖民地政府之各种活动,殖民地政府一再搜查并关闭夜校,在殖民地政府一再突击检查之下,夜校校数,由1925年的76间,两年后减至62间,然而,夜校学生人数却从2321人增加到2822人[③]。1927年,新加坡一地即拥有30间左右之夜校[④]。由于大部分夜校之学生,皆为年轻工人,改组后之中国国民党,其宣传口号中,例如改善工人生活、提高工资、减少工作时间等主张,自然易为这些年轻工人所接受。作为中国民族主义之倡导者,工人群众福利之保护者,中国国民党主张之政策,对许多政治意识尚未成熟的工人和学生,自具有强烈之吸引力。

此外,为宣扬其革命主张,发展其革命组织,在马来亚地区之中国国民党,拥有报纸与杂志,这些党营或党属之大众传播媒介,极力倡导革命意识,1925年时,中国国民党在马来亚地区拥有四个报社[⑤]。透过这些党的宣传媒介,许多中国国民党之政策及革命主张,可以传布到马来亚各地区的侨胞中,这些党营刊物,对任何有损党之形象的消息予以封锁,同时制造许

---

① Gwee Yee Hean, "Chinese Education in Singapore," p. 105.
② C. O. 273/538,海峡殖民地警察总监报告,附录于海峡殖民地报告第四九三号附录一,1927年8月27日。
③ Yung Yuet Hing, "Contributions of the Chinese to Education in the Straits Settlements and the Federated Malay States, 1900 – 1941" (Kuala Lumpur: University of Malaya, M. A. Thesis, 1967).
④ *The Straits Times*, March 14, 1927.
⑤ 例如:新加坡之《新国民日报》、吉隆坡之《益群报》、槟榔屿之《光华日报》、双溪大年之《南洋时报》。

多有利中国民族主义之舆论①。

尤有甚者，在马来亚地区之中国国民党支部，组成各种剧团及演讲社，将国民革命之理论，传布于一般民众之中，话剧与演讲为求通俗，皆采用日趋流行之白话文，以期能将效忠中国之政治意识以深入浅出之方法，播植于侨胞心中②。虽然中国国民党从未视马来亚为中国领土的一部分，但中国国民党在马来亚侨民中的各种政治活动，尤其其提倡的效忠中国意识，则引起殖民地当局之紧张③，而加以严厉镇压，然而殖民地政府之镇压行动，却更强化了爱国青年对中国效忠之政治意识。

1925 年孙中山先生的骤然逝世，并未阻碍中国国民党的革命事业，反而激发国人之爱国心，提升中国国民党在群众中之声望，孙中山先生成为中国统一的象征与希望。其三民主义、建国大纲等政治理念由中国国民党大肆宣传后，成为国人共同之政治理想。国人大大称赞孙中山先生的政治主张与改革计划，其政治主张对爱国分子，具有不可抗拒的力量④。

孙中山先生日增声望，在马来亚地区亦产生深远的影响，孙中山先生于 1925 年 3 月 12 日去世之消息，震惊了马来亚华侨社会，遵照中国驻新加坡领事馆之指示，许多侨胞降半旗志

---

① 新加坡之《新国民日报》于 1927 年 3 月初时，首先倡议举行孙中山先生三周年纪念大会，有关 1927 年纪念大会之筹办，参阅《新国民日报》1927 年 3 月 3 日；C.O. 273/538，海峡殖民地警察总监报告，附录于海峡殖民地报告第四九三号附录二。
② 《中国国民党中央执行委员会海外部报告书》。
③ Png Poh Seng, "The Kuomintang in Malaya, 1912–1941," pp. 220–221.
④ 北京政府之全体阁员都前往致哀，即使曾背叛孙中山先生之陈炯明，亦送挽联表示对孙中山先生之尊敬；张作霖及其他军阀亦公开称赞孙中山先生及三民主义，参阅《叻报》1925 年 3 月 13 日，4 月 11、16 日。冯玉祥亦一再表示其将追随孙中山先生并遵奉三民主义，参阅冯玉祥《我的生活》，上海教育书店 1947 年版。

五　中国国民党改组后在马来亚之群众运动　　69

哀①。起初，除了少数学校机关外，马来亚华侨社会，并未举行任何追悼仪式②。当知识界尊称孙中山先生为国父时，新加坡中华总商会，仅称孙中山先生为故临时大总统③。

为扩展其革命力量，中国国民党南洋总支部经一个月之筹备，于4月12日在新加坡举行全侨追悼孙中山先生大会，前往追悼者，逾十万人，其他各地之侨胞亦在中国国民党领导之下相继举行隆重追悼会。新加坡中华总商会在获得纪念会筹备委员会将不强制关店志哀的保证下，亦参加了纪念大会④。然而，一年后，当一些知识分子计划为孙中山先生再举行纪念大会时，其筹备工作，既未得到中华总商会的支持，亦不复为地方政府所允许。在殖民地政府之压制下，纪念筹备大会的工作因而停顿。孙中山先生逝世的周年祭日，因此而无任何追悼纪念的活动⑤。

1926年7月，国民革命军誓师北伐，半年之内底定华中，北伐之顺利增加了国民政府之声望，中山先生在国人心中的"国父"地位更形稳定。马来亚各地之侨胞于孙中山先生逝世二周年时，计划发起纪念大会，星州华侨社会在当地中国国民党干部发动之下，组成筹备会，并获得殖民地政府准其举行纪念大会之许可⑥。为展示其影响力，筹备委员会中，除党员外，尚有不少当地之工商人士。在纪念会中，孙中山先生被全体侨

---

① 《叻报》1925年3月13、16日。
② 《新国民日报》及《叻报》1925年3月12日至4月10日。
③ 《叻报》1925年3月16日。
④ 《国闻周刊》，第二卷第十八册，上海，1925年5月17日；《叻报》1925年4月11日。
⑤ C. O. 273/538，殖民地警察总监报告，附录于海峡殖民地报告第四九三号附录二。
⑥ *The Straits Times*, March 14, 1927.

胞尊称为国父，会众同声高唱总理纪念歌①。由于一再地努力，在马来亚之中国国民党，逐渐赢得华侨社会中之知识分子及劳动阶层的支持，并在整个华侨社会中深具影响力。然而在马来亚之中国国民党，由于缺乏训练有素之党工人员，以及远离其军、政力量之核心，无法将当地之华侨学生和工人组织成坚决支持中国国民党的外围组织②。

3. 牛车水事件

1927 年 3 月 3 日，中国国民党所经营之《新国民日报》，倡议举行孙中山先生纪念大会，经马来亚地区侨领的努力，殖民地政府同意华侨举行纪念大会。警察总监则对该次纪念大会，保持既不反对亦不支持的态度。根据殖民地政府对举行该纪念大会申请书的核示，在纪念大会中，不得展示中国国民党党旗，会后且不得举行游行。

3 月 12 日当天，将近两万群众集结于新加坡的欢乐谷，举行纪念大会③。纪念会场中，青天白日满地红的国旗到处飞舞，中国国民党的青天白日党旗亦竖立于孙中山先生遗像的两侧。纪念大会进行颇为顺利，忽然，将近两千名的海南籍群众涌进会场，争相发言，并攻击阻止其发言的大会筹备人员，演讲后，

---

① 例如，1924 年时，中国国民党吉隆坡分部的 60 多位党员中，19 位为学校之教职员，31 位为工人，参阅《中国国民党南洋吉隆坡分部职员党员名册》，1924 年 1 月，中国国民党党史会档案，482/5。然而，当时的中国国民党在马来亚地区并未拥有有效之劳工组织，参阅 Charles McLane, *Soviet Strategies in Southeast Asia: An Exploration of Eastern Policy under Lenin and Stalin* (Princeton: Princeton University Press, 1966), p. 133。但在各级学校中，共产党青年团之活动，似颇频繁，参阅 Gene Hanrahan, *The Communist Struggle in Malaya*, p. 33.

② 同上。

③ 《新国民日报》1927 年 3 月 14 日；*The Straits Times*, March 14, 18, 1927.

将近有一千人参加游行,并于游行中分发各类宣传品,呼吁打倒财阀。大体而言,游行队伍的秩序尚称良好。其后,一辆由英人汤普生氏所驾驶的电车,因刹车不及,冲进游行队伍,引起群众之愤怒,群起袭击电车,并尾随电车前往位于牛车水的警察分局,就在牛车水分局前面的广场,游行群众与警察发生冲突,导致警察开枪,造成6死14伤之惨剧,此为牛车水事件,亦被当地华文报纸称为"国殇日惨剧"[1]。

数日之后,大量反英文件出现,海南社团在侨民社会中分发许多宣传文件,马来亚殖民地政府则极力阻止此类宣传品的散布。在新加坡,曾有一间夜校,因印制反英文件而被查封。为援助伤亡同胞,雪兰莪的华侨成立"三·一二屠杀后援会",募款支持伤亡侨胞[2]。

由于牛车水事件的发生,罢乘电车的运动于3月24日展开。每当电车停止时,便有许多劝告中国乘客拒坐电车的文告丢进车窗内,这些以中文撰写的文宣资料,显然以华侨乘客为文告对象,并且获得广泛的回响。到26日时,即使在尖峰时刻,乘客亦寥寥可数,华人乘客更是不见踪迹,行驶中的电车也不时遭到飞石的攻击。反观那些由华侨经营的小型公共汽车,却辆辆满载。到28日,有11辆电车被毁,许多电杆也遭破坏。除了电车的罢乘活动,海南籍的佣工,更以罢工响应,并企图将罢工行动扩散于英人所属的工厂。

暴乱一再在新加坡的闹市区发生,殖民地当局为控制日益

---

[1] 《南洋商报》《新国民日报》《益群报》及《石叻总汇新报》,都称此事件为"国忌日惨案"。

[2] *The Straits Times*, March 26, 1927; Evelyn Sim Cher Lan, "The Kuomintang-Communist United Front in Malaya, 1924-27," p. 29.

恶化的情势，调用消防队和军队前往驱散群众①。殖民地当局一方面使用军队去维护社会治安与秩序，另一方面则加紧查封夜校。因为在英殖民地政府眼中，夜校师生乃动乱之源，对夜校的一再突袭与查封，被视为阻止暴动扩散的根本方法。到5月时，已有5所夜校被殖民地政府宣布为非法经营，遭到关闭②。同时，为平息侨胞社会对牛车水事件之愤怒，英殖民地当局指派不与政府有密切关系的五位侨领，组成五人小组对牛车水事件进行深入调查。中国驻星领事会，由律师代表出席调查庭，经长时间的调查、审理、辩论，调查小组最后仅宣布，事件之伤亡是由于警察对非法集会、群众开枪而引起③。

新加坡中华总商会担心殖民地当局可能对罢乘、罢工活动采取严厉的手段，新加坡中华总商会，企图冷却侨胞之反英情绪，早在3月28日，便在会中讨论恢复社会秩序的各种方法。总商会之理事，乘坐汽车，携带反宣传的布条，催促侨胞冷静，遵守法令，一些华籍的绅士，亦运用其影响，支持殖民地政府。他们呼吁恢复秩序的努力，却常遭到群众的攻击。殖民地警察必须动用警棍，始能维护上述亲英人士的安全，为保护亲英人士的反宣传活动，甚至逮捕扰乱分子达29人之多。根据英国警方之报告，被逮捕的29人，皆为出身"低贱"的海南籍劳工④。罢乘、罢工行动虽继续拖延两个多月，但华侨社会已逐渐失去支持的热诚，到5月底时，虽仍有少数煽动分子号召侨胞继续罢乘、罢工，大体说来，各类罢工活动多已消失⑤。

---

① *The Straits Times*, March 28 – 29, 1927.
② Evelyn Sim Cher Lan, "The Kuomintang-Communist United Front in Malaya, 1924 – 27," pp. 27 – 28.
③ 《叻报》1927年4月16日。
④ *The Straits Times*, March 30, 1927.
⑤ *The Straits Times*, April, May 1927；《新国民日报》《叻报》1927年4月及5月份。

4. 中国国民党在马来亚地区群众运动之特色

尽管中国国民党在马来亚华侨中，建立反帝国主义的群众基础，牛车水事件后的各种演变，却显示出其成就之局限性。这种局限性或许与其群众运动之特色有关。中国国民党在马来亚之党员招募，似乎偏重于劳工阶层，尤其是海南籍方言群之工人。从事件开始，在马来亚的中国国民党就未能获得商界领袖的支持。孙中山先生之纪念大会，并无重要商界领袖参与筹备①，而牛车水事件中，伤亡人士中绝大多数为海南籍，更显示出在马来亚的中国国民党组织上的偏颇。事件发生十天后，才能发动罢乘电车的活动，更说明其控制力与组织力之薄弱。

当中国国民党在中国本土改组时，以工人、农人、妇女、青年为其群众运动之主要诉求对象。为推动其国民革命，在中央执行委员会之下，设有农人部、工人部、妇女部、青年部，但却无商人部。孙中山先生对中国商人曾做相当尖锐的批评，曾主张组成消费合作社，以减少商人的中间剥削，孙中山先生对商人之态度，甚至导致1924年的广州商团叛变②。平定商团叛变后，为赢得商人阶级的支持，才设立商人部，并改变对商人角色之评价。在马来亚的中国国民党，依照广州总部的指示，于1924年成立工人部和青年部，但直到1927年才设立商人

---

① *The Straits Times*，March 18，1927；C. O. 273/538，殖民地警察总监报告，附录于海峡殖民地报告第四九三号附录二。

② 参阅 Hung-Ting Ku，"The Merchants versus Governments: The Canton Merchants' Volunteer Corps Incident," *Journal of the Royal Society for Asian Affairs*，Vol. 65，Part 3（London：October 1978），pp. 309 – 318。

部①，因而在马来亚的中国国民党支部中，商界人士只占党员的极少部分。在牛车水事件中，党工人员谆谆呼吁工农团结，却未提及商人；在游行群众所喊口号中，甚至出现打倒财阀的字眼，此种与商业人士不合的现象俨然可见，难怪商业人士并未发起罢市以响应罢乘及罢工的活动，当华侨社会对牛车水事件，因愤怒而采取激烈反英行动时，中华总商会却提出恢复秩序的反宣传。早在1925年，孙中山先生逝世之时，马来亚的许多商店即拒绝关店以示哀悼②。而在中国国民党的党部记录中，亦一再出现奸商向殖民地政府通风报信，招致各种爱国活动受挫，及爱国分子被捕的事情发生③。

牛车水惨案发生后之罢乘活动及各种反英罢工活动，未能在其他行业中开展，这种情形，更说明中国国民党在此时期的马来亚地区中，无力发展大规模的群众运动。虽然改组后的中国国民党在马来亚地区发展党务，并吸收不少党员，但似未能掌握各种重要社团的活动。南洋总工会虽然在1926年即已成立，但无迹象显示，它在工人中具有影响力④。由于缺乏有效的社团组织，干部无法在短期内发动群众参与抗争活动，更无法发动大规模并持续长久的群众运动。在缺乏组织的情形下，群众可偶尔动员，发动罢工或其他活动，但无法持久。牛车水事件虽然提供反英宣传的机会，但在无强力的组织支持下，未能产生深远的影响。

---

① 《中国国民党中央执行委员会海外部报告书》；《中国国民党新加坡支部第一分部历年沿革史》。

② C.O.273/538，殖民地警察总监报告，附录于海峡殖民地报告第四九三号附录二。

③ 《中国国民党新加坡支部第一分部历年沿革史》；《中国国民党驻南洋英属新加坡第二分部党史》。

④ Charles McLane, *Soviet Strategies in Southeast Asia: An Exploration of Eastern Policy under Lenin and Stalin*, pp. 132 – 133.

在20世纪20年代，中国国民党在马来亚地区拥有大量海南籍党员的现象，当然有其历史渊源。中国国民党的党史资料显示，海南籍侨胞曾对孙中山先生的革命运动热烈响应，海南籍党员的数目，在辛亥革命时，便已足以在新加坡设立海南支部。1924年中国国民党在新加坡的海南支部改组时，便成为三个支部的第二大支部①。由于具有大批的海南籍的政治活跃分子，中国国民党在马来亚地区的海南籍党员的人数亦大量增加。20世纪20年代时，在马来亚的海南籍侨胞，绝大多数属于劳动阶层，在当地华人社会中，居于社会阶层之末，在海南籍劳工中的大量吸收党员，造成劳工阶层在当地党部的干部与成员中，占有重要比例的情形。此种现象或许是当地党部继续采取反商理论的原因，同时也使中国国民党在此时期的种种政治活动，蒙上偏重劳工阶层的色彩，而无法与当地之商界有密切的合作关系。

5. 结语

在群众运动中，强调组织功能与理论架构，并非低估各群体间的自我意识所扮演的角色。由于各群体的自我利益各有不同，对中国国民党之革命运动亦产生不同的反应。例如，商界就常因自身之商业利益对不同的事件有不同的反应，在牛车水事件中，商界未做出热烈的反应，但一年后，对济南事件却显出热烈的反应，积极支持抵制日货运动②。商界领袖，事实上，

---

① 根据英方资料，当时新加坡之中国国民党，绝大多数为海南籍侨民，参阅 C. O. 273/597, *Monthly Review of Chinese Affairs*, August, 1934。
② 王连三：《济南惨案与星马华人》。

常常发起并领导抵制日货运动。根据研究报告显示，在1915年与1931年之抵制日货运动和抗战初期的反日救国运动中，商界不但发起且激烈支持对日经济绝交，然而在1935年、1926年间的规模庞大的省港大罢工中，马来亚商界却无丝毫表示。

马来亚的侨商对历次民族主义运动的不同反应，如从侨商的自我利益观察，不难理解。在参与反日之集体行动时，不管是抵制日货运动或对日经济绝交，不需考虑会与马来亚殖民地当局发生正面的冲突。第一次世界大战后，日本在马来亚地区经济活动的扩张，不但威胁到英国本身的利益，亦损及马来亚地区的商业利益，反日的经济活动，反而有利于英商和华商。事实上，只要不破坏当地社会的治安与秩序，殖民地政府多半给予技术上的批准。另一方面，当任何集体行动可能引起殖民地当局不愉快时，例如，牛车水事件发生后之罢乘罢工的活动，或响应省港大罢工，皆可能引起殖民地当局的压制。为避免麻烦，商界皆极力避免参与，他们此种规避与殖民地当局发生冲突的情形，多半担心当地政府采取对其经济利益有所损伤的行动。尤有甚者，由于殖民地政府经常采用驱逐出境的方法，去对付"不受欢迎"人士，驱逐出境无疑成为马来亚殖民地政府对任何反英行动或组织最有效的政治手段。商界人士由于身家财产皆在马来亚，驱逐出境将对其造成重大的损失。

上述经济利益的考虑，似可说明中国国民党未能在马来亚地区如同在中国境内一样，动员商界，以支持其反帝国主义的活动。在中国境内，中国国民党可宣称其反帝国主义政策，例如废除不平等条约可造福中国商界人士，而废除对外国货的协定关税制度，更可保障民族工业之发展，因此，中国国民党这种反帝国主义政策，可以吸引相当数量的商界人士来支持其革命事业。然而，这种对商界的呼吁，却不易获得马来亚华商之响应。因为马来亚中国商人的利益与殖民地当局能否维持当地社会秩序息息相关,任何破坏社会秩序的举动,都会带来商界的损失。在马来亚的华侨社会中,不同行业的群体自然对中国国民党反帝国主义的呼召,因人因事而有不同的反应。马来亚侨商人士中,对中国国民党的群众运动,尤其是反英运动,自然采取不冷不热,甚至反对的态度。

诚如所述,理念上及组织上的各种因素,固然造成马来亚华商对中国国民党的种种活动未能热诚支持。另外,缺乏工商界的支持,也削弱了中国国民党在马来亚地区推动群众运动的能力。商界中,尤其是中华总商会,曾经在20世纪领导多次反日之集体行动,商界领袖在许多集体行动中,都提供有效之行政领导,群众运动常因通过商界领袖之威望及其社团网络而推动。由于在马来亚的中国国民党,未能够赢得商界的更多支持,固其群众运动受到相当的限制。事实上,由于许多重要的商界领袖,皆对其所属的方言群(例如:福建、潮州、广府等)有重大之影响,因此,他们若支持中国国民党,将有助于中国国民党在各方言群中的党员招募工作。如此,则中国国民党在20世纪20年代所推动的群众运动工作,将不致出现偏重海南人的现象。

在马来亚之中国国民党,其群众运动基础之偏失,当然严重影响牛车水事件的发展。1927年时,效忠方言群体之意念,仍普遍存在于马来亚的华侨社会中。以中国当作整体的政治意识,在抗战爆发后始蓬勃发展。效忠中国的政治意识,则在日军侵犯马来亚时,始能普遍为侨胞所领悟。由于20世纪20年代马来亚之华侨社会中,以中国为整体的政治意识尚未发达,在牛车水事件中,海南侨胞之伤亡,固可引起其他方言群中之侨胞的同情。但若期望其他方言群体,给予实质上的支持,则未免不切实际。此种以方言群体为效忠对象的现象，可从各方言群体对事件之关切程度得之。例如，在对牛车水事件的调查中，调查庭中的观众，多半为海南侨胞①。

值得注意的是，由于英国殖民地政府的间接统治政策，殖民地政府不但深深了解华侨社会中各方言群体间所存在的差异性，更运用这种差异分化各方言群体间之关系。我深信，此种分而治之的政策，更强化了华侨对各方言群体的认同感。在牛车水事件中，殖民地当局相当有效的分化侨胞社会，殖民地政府一再指责，参与罢乘、罢工的侨胞，隶属海南籍的低层劳工。此种具有分化性的指责，有效地煽动并激发各方言群体及行业间的偏见与敌视。而中国国民党培养以中国为效忠目标的努力，在殖民地政府有效之反制下，无法将本已因出生地、教育背景、方言群属不同而分裂的马来亚华侨社会，形成一涵盖全体侨胞的团体。在这种情况下，在马来亚的中国国民党，自然不愿，或无法将牛车水事件，发展为一规模庞大的反英运动。

---

① C. O. 273/538，殖民地警察总监报告，说明第十二号 A，附录于殖民地报告第四九三号附录二。

六 金文泰总督（1930—1934年）统治下的马来亚华侨

1. 前言

19世纪末，面对西方列强的侵略，我国的改革派与革命派分别兴起，各自努力去拯救国家，两派人士皆曾向马来亚华侨寻求资助①。孙中山先生之同盟会在马来半岛设立许多书报社，宣扬其革命理论②。康、梁及其他改革派亦在当地活动，以争取华侨之支持。革命及改革两派之种种活动，无疑刺激了海外华侨政治意识的觉醒。

1911年的辛亥革命，赢得了海外华侨的称赞，许多马来亚华侨纷纷加入中山先生之政治组织，故国民党早在1912年就在新加坡设立分部，其后又分别在吉隆坡、槟榔屿、怡保和其他

---

① 保皇党首领康有为于戊戌政变后，前往马来亚，鼓吹保皇思想，革命派之杨衢云于1900年初将兴中会引至马来亚，中山先生则于数日后继杨前往，宣传革命思想。"马来亚"一词，系指地理上之马来半岛，包括马来联邦、马来属邦及海峡殖民地等三区，海峡殖民地则为新加坡、马六甲及槟榔屿之合称。新加坡又称为星加坡，简称为星洲。

② 早在1905年，孙中山先生就成立了星洲书报社，以作为宣传革命的组织。这个社团发展成为长老教会的一个青年协会。之后，更多的书报社在马来亚各地先后成立。参阅许甦吾《新嘉坡华侨教育全貌》，第90—92页。

城市成立了分部①。

　　1912年，袁世凯宣布国民党为非法组织后，马来亚政府随即对在马来亚的国民党支部采取敌对政策，而国民党因忙于国内的政治活动，无暇他顾，因而导致马来亚地区国民党组织萎缩②。1913—1919年间，除了1915年的反日经济抵制之外，马来亚华侨对中国国内的政治发展，态度相当冷淡③。

　　1919年，五四运动在马来亚地区引起了回响，华文学校师生发起了许多反日运动④。国民党趁着马来亚华侨对祖国政治意识的兴起，发动新的政治攻势，以更新其在侨民中的影响。1920年，一些国民党党员再度前往马来亚，宣扬中山先生之三民主义⑤。1923年，国民党实行改组，应用其新添之党务机构，在马来亚的中国国民党支部，推动一项以中国为政治效忠目标之运动，并在华侨社区中，分发许多在广州出版的具有强烈反

---

　　① 1912年时，国民党在马来亚地区共有30个支部，参阅Png Poh Seng, "The Kuomintang in Malaya, 1912-1941," p. 215。

　　② Evelyn Sim Cher Lan, "The Kuomintang-Communist United Front in Malaya, 1924-1927," p. 4. 殖民地政府曾以国民党槟城支部有倡导反袁世凯政府之嫌，而不准其注册，参阅Png Poh Seng, "The Kuomintang in Malaya, 1912-1941," p. 217。

　　③ 1915年时，日本趁欧战正酣之时，向我国提出所谓"二十一条款"，扩大日本在华利益。消息传至马来亚，引发了华侨之强烈反日情绪，在新加坡中华总商会领导下，在华侨社会中，发动了一次抵制日货运动。有学者认为，如果不是适逢第一次世界大战的话，马来亚地区的反日活动恐将更为激烈，参阅Yoji Akashi, "The Nanyang Chinese Anti-Japanese and Boycott Movement, 1908-1928: A Study of Nanyang Chinese Nationalism," p. 72。

　　④ 在马来亚地区，华侨响应五四运动而发起的反日活动，可说是相当的激烈，虽然在这次的反日运动中掺杂着不少其他因素，但不容否认的，知识分子借着此次抵制日货的活动，一再在侨胞中，倡导倾向中国政治意识的发展。有关星马华侨对五四运动的反应，参阅崔贵强《海峡殖民地华人对五四运动的反响》，第13—18页。

　　⑤ Yoji Akashi, *The Nanyang Chinese National Salvation Movement, 1937-1941*, p. 2. 中国国民党新加坡第一分部在1920年成立后，曾在振群学校掩护下，进行各种活动。该分部后来自己设立启明学校，分部成立时，只有党员50人，到1924年时，已增加到350人。详情参阅《中国国民党新加坡支部第一分部历年沿革史》。

英色彩的政治宣传品①。除设立书报社外，改组后的中国国民党在马来亚更设立并维持许多中文学校，到 1925 年止，共有 11 所中文学校直接隶属中国国民党之马来亚支部②；中文学校的教师也大部分为中国国民党之党员或其支持者③。为反制上述种种政治活动，英属马来亚殖民地政府于 1925 年，宣布中国国民党为非法组织④。然而，中国国民党继续在马来亚地区成长，在设立于广州的南洋总支部领导下，新的中国国民党分部继续在马来亚地区增加⑤。到了 1926 年，新加坡一地就有 7 个分部⑥。而中国国民党在马来亚地区的党员人数，至 1929 年初，亦超过了 10290 人⑦。

除了通过正规的教育机关，效忠中国的活跃分子，尚设立夜校。这些夜校极力提倡效忠中国的政治意识。一份马来亚殖

---

① 许多年后，曾任英属马来亚殖民地官员的巴素（Victor Purcell）在其回忆中指出：当时中国国民党在马来亚地区之反帝国主义目标为英国，许多在广州印制的宣传品，都深具反英色彩。因而，马来亚殖民地政府对此类印刷品实施管制，不准其进入马来亚。参阅 Victor Purcell, *The Chinese in Southeast Asia*, pp. 358 – 359。

② 《中国国民党中央执行委员会南洋总支部报告书》，1932 年 10 月，中国国民党党史会档案 002/21。

③ Gene Hanrahan, *The Communist Struggle in Malaya*, p. 33; Gwee Yee Hean, "Chinese Education in Singapore," p. 105.

④ 虽然海峡殖民地政府在 1914 年时便已宣布国民党为非法组织，但马来联邦政府直到 1925 年始采取相同态度。不过，尽管马来亚之殖民地政府自 1925 年开始压制中国国民党之种种活动，党部组织仍甚健全。直到 1930 年金文泰担任海峡殖民地总督兼马来联邦最高行政专员后，中国国民党所推动以中国为华侨效忠目标之活动，始受到严重之威胁。参阅 Alun Jones, "Internal Security in British Malaya, 1895 – 1942," p. 194；《海外被逐华侨回国留京同志会周年纪念刊》。

⑤ 《中国国民党中央执行委员会海外部报告书》。

⑥ 《中国国民党中央执行委员会海外部报告书》。根据中国国民党现存资料显示，为推动国民革命吸收党员，中国国民党所办之启明学校，曾一度遭到殖民地政府的搜查、骚扰，1930 年时，学校被迫关闭。参阅《中国国民党新加坡支部第一分部历年沿革史》。

⑦ 《海峡殖民地总督致殖民部的机密报告》，第六十三号附录二，1931 年 2 月 25 日。现存新加坡国家档案局。引自 Fu Mui Kim, "The Kuomintang in Malaya, 1930 – 1934" (Singapore: University of Singapore, B. A. Honours Thesis, 1976), p. 9。

民地政府的报告曾指出："藉着演讲、小册子，和夜校中的讲授，进行并实现颠覆的宣传活动。"① 虽然殖民地政府对夜校之活动，一再压制，在1925—1927年间，学校数目虽从76所减至62所，但学生的人数，却从2321人增加到2822人②。同时，马来亚地区的许多中文报纸，在促进马来亚华侨倾向中国之政治意识的成长中，亦扮演着重要的角色。由于中国政局的发展，对马来亚华侨深具影响③。因此，英殖民地政府对这种认同中国之政、经活动，深表关切。此外，中国虽从未将马来亚地区视为其领土之一部分，华侨民族主义运动者在马来亚华侨社团中所提倡"效忠中国"之活动，却触怒殖民地当局，引起他们对这些政治活动的强力镇压④。

20世纪30年代初期，英国为抗拒中国民族主义之成长与日益上升的日本威胁，一再调整其与中国之关系，为避免与日本直接敌对，并以中国为其抗日的第一道防线。英国采取暧昧不明的政策⑤，表面上，在中日冲突中，尽量保持中立立场，然

---

① C. O. 273/538，海峡殖民地警察总监报告，附录于海峡殖民地报告第四九三号附录二。

② Yung Yuet Hing, "Contributions of the Chinese to Education in the Straits Settlements and the Federated Malay States, 1900 – 1941," p. 72.

③ 关于马来亚华侨的政治活动，请参阅崔贵强《海峡殖民地华人对五四运动的反响》；Yoji Akashi, "The Nanyang Chinese Anti-Japanese and Boycott Movement, 1908 – 1928: A Study of Nanyang Chinese Nationalism"; Hung-Ting Ku, "The Kreta Ayer Incident in 1927," *Occasional Paper Series*, No. 13 (Singapore: Nanyang University, January 1976); Pang Wing Seng, "The 'Double-Seventh' Incident, 1937: Singapore Chinese Response to the Outbreak of the Sino-Japanese War".

④ 殖民地当局认为，效忠中国的政治活动就是"中国想要控制马来亚，使其成为领土……"的证明。请参阅 *Proceedings of the Legislative Council* (Singapore: 1930), p. B26; C. O. 273/569, Confidential despatch from the Governor of the Straits Settlements to the Colonial Office, dated October 16, 1931.

⑤ Bradford A. Lee, *Britain and the Sino-Japanese War, 1937 – 1939: A Study in the Dilemmas of British Decline* (London: Oxford University Press, 1973), p. 18.

六　金文泰总督(1930—1934年)统治下的马来亚华侨

在限制华侨之反日活动中，由于华侨之对日的经济抵制，与英国的经济利益符合①，故在不违反当地法律与秩序情形下，多半采取容许或宽容的态度。

第二次世界大战前，国民党为马来亚华人中最重要之政治组织。虽然马来亚当局认为左派人士要为国民党的激进行为负责，但在压制行为上，却对温和分子与偏激分子不加区别②。甚至对1927年清党后之中国国民党，殖民地政府亦未放松对其之种种限制③。

依照海峡殖民地社团法规之规定，民间社团都必须向政府登记④。1925年，马来联邦通过法令，解散中国国民党在马来亚地区之支部，但此禁令并未严格执行。历任英国总督对中国民族主义的兴起，深具戒心，一致认为国民党在此地之各种活动，将妨碍英在马来亚地区之殖民统治，他们更视中国国民党之党务工作，为中国政府企图在星马地区建立"国中之国"的证据⑤。但以往的英国总督，除了拒绝中国国民党之注册，并未采取更有效的限制政策，他们之所以未采取进一步的限制，可能由于他们认为对中国国民党的限制，不符合英国欲与中国国民政府维持友好的远东政策。同时他们也担心对当地华人民族主义的压制，将引起当地华人与殖民地政府间的疏离⑥。

---

① Hsieh Chün-tu, "British Rule in Malaya, 1919 – 1939," *Journal of the South Seas Society*, Vol. 18, Parts 1& 2 (1964), pp. 4 – 5, 15 – 16.

② Evelyn Sim Cher Lan, "The Kuomintang-Communist United Front in Malaya, 1924 – 27," pp. 21 – 22.

③ Fu Mui Kim, "The Kuomintang in Malaya, 1930 – 1934," p. 6.

④ 海峡殖民地社团法案第一百二十六号规定："在社团法案规定之下，除非该社团被疑具有非法目的或违背殖民地之治安，殖民官将不会拒绝其注册。"

⑤ 有关马来亚政府对华侨的政治活动之态度，请参阅 Png Poh Seng, "The Kuomintang in Malaya, 1924 – 1941."

⑥ 请参阅 Fu Mui Kim, "The Kuomintang in Malaya, 1930 – 1934," p. 11.

1929年2月，在马来亚的中国国民党再度改组，重新登记所有党员，此项例行公事，引起了克里夫总督（Sir Hugh Charles Clifford）的关注。克里夫依据社团法规，主张放弃对中国国民党之消极态度，采取积极有效的压制，克里夫曾为此致文伦敦之殖民部，请求授权压制中国国民党[1]。但他在采取行动之前，离职返英。

1930年，希索·金文泰抵达马来亚。在金文泰统治下，马来亚殖民地政府对当地华侨采取高压政策，企图铲除当地华侨效忠中国的政治意识。金文泰除谨遵其前任对马来亚华人政治活动之意见，对马来亚华侨民族主义之活动采取强硬手段外，更在未得殖民部授权前，即采取行动，压制效忠中国的种种政治活动[2]。在他任职1930—1934年海峡殖民地总督兼马来联邦最高行政专员期间，他的种种政策与行动，赢得了排华与亲巫的声誉[3]。

2. 金文泰之排华与限制中国国民党活动的政策

1930年2月20日，金文泰总督在其官署召集中国国民党新加坡南洋总支部的执行委员谈话[4]。金文泰通知这些中国国民党的执行委员，殖民地政府将不允许中国国民党在马来亚地区举

---

[1]《海峡殖民地总督致殖民部的机密报告》，第五十一号，1929年2月20日。现存新加坡国家档案局。

[2]《海峡殖民地总督致殖民部的机密报告》，第六十三号附录四，1931年2月25日。现存新加坡国家档案局。引自 Fu Mui Kim, "The Kuomintang in Malaya, 1930–1934," p. 13。

[3] 参阅 Fu Mui Kim, "The Kuomintang in Malaya, 1930–1934," p. 21。

[4] 关于此次会谈的细节，请参阅《海峡殖民地总督致殖民部的机密报告》，第五十九号附录二，1930年2月25日。

六　金文泰总督(1930—1934年)统治下的马来亚华侨　◇◇　85

行党务会议，中国国民党宣传文件之出版、党员的召集、募捐行动亦将在禁止之列。此时，金文泰虽未明确表示将如何对付不听指示之中国国民党党员，当时一般人皆认为金文泰将以驱逐出境对付中国国民党之各种行动①。

金文泰的政策当然引起中国国内的反英情绪，位于南京的国民政府，立刻召见英国驻华公使蓝普森，并于1930年9月，由中国外交部长王正廷与驻华公使蓝普森，进行有关马来亚华侨事务之谈判②。在谈判结束前，蓝普森前往新加坡作一私人访问，以便了解马来亚殖民地政府之政策，在与马来亚当局商谈后，蓝普森决定修正英国有关此事的立场。他清楚地表示，由于中国国民党是一个不设在马来亚地区的政党，因而不需要在马来亚地区注册。同时，由于中国国民党并不是非法政党，因此马来亚华侨得以个人身份参加，但是星马政府拥有完全的权力，可对在马来亚的中国国民党支部采取任何政策③。

蓝普森离开新加坡返华后，便与王正廷于1931年4月2日交换备忘录。在备忘录中，蓝普森重申修订后之政策，而王正廷也宣布中国国民政府从未企图干涉他国内政，中国国民党亦不准备在马来亚地区建立党部④。中英两国的相互让步，当然有其背景。就中国而言，面对日益激烈的日本侵略和日益动荡的国内局势，国民政府希望与西方列强，尤其英国，维持良好的外交关系。而英国方面，由于外交战略及其他经济上之考虑，

---

①　请参阅 Fu Mui Kim, "The Kuomintang in Malaya, 1930 – 1934," pp. 13 – 14。

②　《海峡殖民地总督致殖民部的机密报告》，第六十三号附录一，1931年2月25日，第15页。

③　海峡殖民地及马来联邦社团法案因而做适度的修订，免除中国国民党要在当地登记的规定。请参阅 *The Straits Times* 及《星洲日报》1931年5月12日。

④　C. O. 273/572, *Monthly Review of Chinese Affairs*, No. 19, 1931年5月，附录于《海峡殖民地致殖民部的机密报告》，1931年6月11日。

亦愿与国民政府维持友好关系。作为一个执政党，中国国民党将马来亚地区的华人政治活动，与中国内部的民族主义运动相联结，乃属自然之事，但英殖民地政府在马来亚地区公开宣布中国国民党为非法组织的举动，将影响中英关系，因此英国必须修订金文泰在 1930 年的宣告。在这份备忘录中，双方有意避免提到现已存在马来亚的中国国民党支部。蓝、王之间的协定，基本上，并没有改变金文泰压制马来亚华人效忠中国意识的既定政策，金文泰领导下之马来亚殖民地政府，继续对当地华侨之活动作严密的监视。对往来于中国与马来亚间的信件进行检查，影响了马来亚华侨与中国国内政、经、文化的联系[1]；对来自中国书籍的检查与禁止，也严重影响中文学校的教育；而对马来亚地区侨社的种种监视，亦限制了许多效忠中国的政治活动。华侨的俱乐部、教育组织，都在殖民地政府的监视下减少活动。殖民地政府一再以驱除出境的手段，对付那些发起和参与效忠中国活动的人士。马来亚殖民地政府的这种政策，有效地限制了效忠中国政治意识的成长[2]。

同时，马来亚政府更采取新的教育与移民政策，作为对付星马华侨民族主义发展之政治武器。新制定的教育政策，其目的似在铲除私立中文学校之政治色彩。20 世纪 20 年代初期，马来亚殖民地政府之学校法令规定，只要这些私立中文学校接受政府对其课程、教科书之监督，就给予财政资助。但由于当时大部分的中文学校都获有来自中国的经费支持，故未接受殖

---

[1] 华民护卫司最早于 1930 年 4 月开始对输入新加坡的书籍进行检查，而马来联邦政府对邮件的检查，是自 1932 年 1 月于新加坡展开。请参阅 C. O. 273/572, *Monthly Review of Chinese Affairs*, No. 17, 1932 年 1 月，附录于《海峡殖民地与马来联邦致殖民部的机密报告》，1932 年 2 月 11 日，第 60 页；第十九号，1932 年 3 月，附录于《海峡殖民地与马来联邦致殖民部的机密报告》，1932 年 4 月 7 日，第 64 页。

[2] 请参阅 Fu Mui Kim, "The Kuomintang in Malaya, 1930 – 1934," p. 17。

六　金文泰总督(1930—1934年)统治下的马来亚华侨

民地政府有条件的资助①。30年代的经济大恐慌,剥夺了来自中国的经费支持②。当这些私立中文学校因经费困难而准备接受殖民地政府资助时,殖民地政府却取消这种资助,尤其甚者,殖民地政府进一步宣布以马来文作为马来亚地区各级学校之教学媒介③。殖民地政府之新政策,导致许多马来亚华侨相信,金文泰政策的目的,旨在创造一个马来人的马来亚,欲将华人势力彻底消灭。

另一个隐含着排华性质的政策,即为对中国移民的限制。自1930年开始,殖民地政府对华侨移入马来亚地区的人数加以限制。起初每月的数目定为6016人,后来减少为5238人,1931年再减少为5000人,1932年,更锐减为1000人④。对移民限制之法令,日趋严格,其所订之外侨条例,目的在授权殖民地政府,控制移民之品质及禁止不受欢迎的人物进入马来亚地区。为有效执行其限制移民之政策,殖民地政府进一步规定,只有定期航线之轮船,始能载运移民⑤。这些限制措施,在30年代初期,大大减少了中国移民的人数。

---

① 到1931年时,马来亚地区共有881所中文学校,其中只有153所学校接受英殖民地政府的经费资助。请参阅 C. O. 273/579, *Monthly Review of Chinese Affairs*, No. 19, 1932年3月,附录于《海峡殖民地与马来联邦致殖民部的机密报告》,1932年4月7日。

② 国民政府对于马来亚华侨的财政上资助,详情请参阅 Tan Bee Bee, "The Impact of the Great Depression on Chinese in Malaya and Singapore, 1929 – 1934" (Singapore: Nanyang University B. A. Honours Thesis, 1980), Chapter 6。

③ C. O. 273/585, Reference No. 13006, "The Educational Policy of the Straits Settlements and the Federated Malay States." 关于华侨教育的发展,请参阅 Gwee Yee Hean, "Chinese Education in Singapore," pp. 100 – 127。

④ *Straits Settlements Annual Report*, 1931, p. 29; *Straits Settlements Annual Report*, 1932, p. 25.

⑤ Chu Tee Seng, "The Singapore Chinese Protectorate, 1900 – 1941," *Journal of the South Seas Society*, Vol. 26, Part 1 (1971), pp. 30 – 31.

3. 马来亚地区华侨以中国为效忠目标之政治活动

1927 年北伐之成功,并未解除中国内部的不安与外来的侵略。党内派系间的激烈冲突和日本对中国领土的不断侵略,促使中国国民党领导层更加努力,以便将全体中国人民紧紧团结于青天白日的旗帜之下。在此期间,中国国民党并未忽略在马来亚地区之华侨。种种的活动旨在提倡民族主义和华侨对执政党的效忠。当然,经济上的动机,亦为国民政府继续与海外华侨维持密切关系的另一个重要因素。因此,国民政府及执政之中国国民党,制定许多条例,以增加其对马来亚华侨的影响。

当英国殖民地政府正加强其对马来亚华侨控制之时,中国政府亦致力于提升马来亚侨胞效忠祖国之政治意识,与对祖国的政治认同。就在"蓝王协定"达成当天,中国国民党中央执行委员会通过一项决议案,在马来亚设立八个直属党支部[①]。新加坡直属党支部就在 1931 年 4 月成立[②]。除直属党支部之外,在马六甲、槟榔屿、霹雳、雪兰莪、芙蓉、新高和吉打,都有直属党支部。在上述八个直属党支部下,共有 96 个直属分部,12300 多位党员[③]。除党员外,尚有许多在政治意识上效忠中国之侨胞,包括富商如陈嘉庚与胡文虎,对各项爱国活动经常提供财政上之支持。

为提倡并监督华侨教育及党务活动,中国国民政府及执政

[①] Fu Mui Kim, "The Kuomintang in Malaya, 1930 – 1934," p. 17.
[②] C. O. 273/572, *Monthly Review of Chinese Affairs*, No. 9, May 1931, p. 14.
[③] 有一些支部仅在名义上是存在的,例如,中国国民党在霹雳的支部,自称拥有 1500 名党员,分属于 13 个支部,但由于殖民地当局严密监视各直属支部,实际上只有少数的支部存在。请参阅 Fu Mui Kim, "The Kuomintang in Malaya, 1930 – 1934," pp. 40 – 41。

之中国国民党共设有三个机构：党部之海外党务委员会、行政院之侨务委员会，以及外交部属下之领事馆。依规定，中文报纸和杂志都必须向侨务委员会登记，侨务委员会亦通过领事馆，负责监督海外教育。我国驻外各领事馆，除了口常的外交职务外，尚须监督华校之教育，其工作范围，包括侨校教师之任命，教科书、教材之选定，及举办各侨校之校际比赛[①]。中国政府及其执政党党务机构之种种活动，无疑促进了马来亚华侨与祖国间之密切联系，因而增强马来亚华侨对祖国之关怀及经济支持。

除党政机构外，许多侨界中之社团组织，例如中华商会与各个地缘性之会馆，都对倾向中国政治意识的发展具有贡献。20世纪30年代，各商会及会馆积极参与各项爱国活动，包括筹募建乡基金、筹赈救灾、提倡爱用国货及抵制日货等运动[②]，直接或间接支持祖国。日本之对华侵略行动，往往为海外华侨爱国情绪的焦点，当"九一八"事变爆发时，马来亚华侨如同其他地区之华侨，立刻对日本之蛮横侵略表示出强烈的愤怒。马来亚地区之中文报纸称九月十八日为国耻日。华侨公司行号皆下半旗，学生亦臂缠黑纱以示哀悼[③]。深受民族主义感召之钟灵中学，发起并领导其他学校筹募救济基金[④]。马来亚地区之中

[①] Joseph Chue Hoe Chong, "The Chinese Consul-Generals' Activities in Singapore, 1930 – 1941" (Singapore: Nanyang University, B. A. Honors Thesis, 1979), pp. 25 – 34, 47 – 52.

[②] C. F. Yong, "Pang, Pang Organizations and Leadership in Chinese Community of Singapore during the 1930s," *Journal of the South Seas Society*, Vol. 32 (1977), p. 45; Pang Wing Seng, "The 'Double-Seventh' Incident, 1937: Singapore Chinese Response to the Outbreak of the Sino-Japanese War."

[③] 虽然新加坡的提学司于1931年10月6日发布一项法令，禁止在公立及受政府资助的英文学校臂缠黑纱，但其余的一般华侨仍继续进行哀悼活动。请参阅 C. O. 273/572, *Monthly Review of Chinese Affairs*, 第十四号，1931年10月，附录于《海峡殖民地殖民部的机密报告》，1931年11月3日，第13页。

[④] 详细情形请参阅 Lee Ah Chai, "Policies and Politics in Chinese Schools in the Straits Settlements and the Federated Malay States, 1986 – 1941," 第七章。

华商会及各会馆，亦集会讨论中国情势之发展，并倡导反日运动，各侨报不但刊载震人心弦之战事报道，并提倡爱用国货运动①。一般说来，在金文泰之铁腕政策统治下之马来亚华侨，在此次反日运动中，侧重经济制裁，并未对居住马来亚之日侨，进行任何人身攻击。此次反日运动持续将近一年，至1932年底，马来亚华侨之反日情绪方逐渐冷却②。

4. 金文泰排华政策之结果

由于中国国民党是当时马来亚华侨中最重要的政治组织，殖民地政府对中国国民党在马来亚之活动，采强硬政策，自然妨碍了中国民族主义的发展。在马来亚的中国国民党，由于不能公开活动，而被迫转入地下活动。马来亚政府禁止国民党建立支部，迫使中国国民党在学校、报社、其他社团名义的掩护下吸收党员、收取党费、散布宣传单。为躲开马来亚殖民地政府之注意，马来亚地区的中国国民党并不公开举行党务会议，在会议开始前也不唱党歌③。1932年初，一位殖民官便曾报告：国民党的活动从未如此受到控制，中国国民党在马来亚地区已经失去了地盘。中国国民党中央党部也深深的了解，在马来亚地区党部所领导的政治活动，已严重受到损害。由于活动减少，

---

① 然而，当《石叻总汇新报》于1931年9月29日刊登一篇文章，内容中公开支持反日抵制运动，《石叻总汇新报》的新闻执照立刻被吊销一个月，主编也遭到警告。请参阅 C. O. 273/572, *Monthly Review of Chinese Affairs*, 第十三号，1931年9月，附录于《海峡殖民地与马来联邦致殖民部的机密报告》，1931年10月，第26页。

② 以上的数据是来自新加坡工商专员之报告，请参阅 C. O. 273/585, *Monthly Review of Chinese Affairs*, 第三十号，1933年2月。

③ 该份中央党部的报告被殖民当局所截取。请参阅 C. O. 273/572, *Monthly Review of Chinese Affairs*, 第十五号，1931年9月，附录于《海峡殖民地与马来联邦致殖民部的机密报告》，1931年10月15日，第22页。

中央党部甚至指示马来亚各支部，不必按月呈报活动报告①。种种现象显示，在马来亚地区的各种效忠中国的政治活动，已在殖民地政府的密切监视下失去活力。

殖民地政府严密监视效忠中国的政治活动，华民护卫司一再警告许多活跃分子不得进行政治活动。在1932年初的一次搜查中，6位中国国民党党员被捕，并驱逐出境②。有位侨校教师因散发政治性传单而遭监禁③。另有许多从事政治活动的侨校教师被殖民地政府逮捕并遭驱逐出境④。中国国民党在星马之党营报纸，如《南洋时报》《光华日报》《新民国日报》等，皆因刊载支持中国国民运动的言论，而先后遭殖民地政府勒令停刊⑤。金文泰的排华政策，严重妨碍马来亚华侨政治意识之发展，许多原本欲参与效忠祖国政治意识活动之人士，因惧怕殖民地政府之压制而退缩。在1900年为提升马来亚华侨福利而成立的华民护卫司，现因参与压制华侨的活动，而被马来亚华侨视为监视侨校、报纸和社团的特务机构⑥。

5. 马来亚华侨民族主义之评估

1927年清党后，中国国民党的反帝运动逐渐衰退，由于身

---

① C. O. 273/597, *Monthly Review of Chinese Affairs*，第四十九号，1934年9月，附录于《海峡殖民地与马来联邦致殖民部的机密报告》，1934年10月13日，第17页。
② C. O. 273/597, *Monthly Review of Chinese Affairs*，第五十二号，1934年12月，附录于《海峡殖民地与马来联邦致殖民部的机密报告》，1935年1月18日，第9页。
③ C. O. 273/572, *Monthly Review of Chinese Affairs*，第十五号，1931年9月，附录于《海峡殖民地与马来联邦致殖民部的机密报告》，1931年12月15日，第12页。
④ Fu Mui Kim, "The Kuomintang in Malaya, 1930 – 1934," p. 42；然而殖民地政府对不涉及政治性质之筹款的组织，并不阻止。
⑤ 关于华民护卫司的组织及运作，请参阅 Chu Tee Seng, "The Singapore Chinese Protectorate, 1900 – 1941," pp. 5 – 45。
⑥ 《中央党务月刊》，第二十八期，1930年11月。

为执政党，中国国民党所领导的国民政府，必须对西方列强采取关系正常化政策，国民政府必须暂时容忍日本的侵略行动，而不愿公开触怒日本，在此种政治情况之下，中国国民党所领导的国民政府，无意对英国在马来亚的统治权做出任何挑衅行为，然而，基于传统的观点，国民政府视所有海外侨胞为其国民，马来亚之华侨当然亦在"中国国民"之范畴内。在以党治国的"训政"时期，党部的组织常被视为提倡民族主义的重要机构，中国国民党自然会在马来亚地区开展其常务工作并设立支部。1931年4月与英国签订的"蓝王协定"，亦不意味中国国民党会在马来亚地区停止所有的政治活动。但是对于英殖民地政府而言，中国国民党在马来亚地区支部之设立，隐含中国对英属马来亚殖民统治的一种威胁。认同中国之政治意识的兴起与成长，自然的被视为对英国统治权的严重挑战，因而殖民地政府把中国国民党在马来亚的活动，当作中国企图在马来亚地区建立"国中之国"的明证。

关于马来亚华侨的效忠问题甚为复杂，部分由于在这个时期并没有一个可涵盖全体侨胞的单一社团[①]。此时，马来亚华侨的政治态度，至少可分为三种团体：第一种，他们深深关切中国内部的事物；第二种为专心致力于居留地的社团组织；第三种为效忠居留国，并参与当地政治的土生华侨[②]。

华侨民族主义的兴起与发展，多半发生在第一种团体中，他们当中有许多出生在中国或者曾在中国受过教育，另外还有

[①] C. F. Yong, "Pang, Pang Organizations and Leadership in the Chinese Community of Singapore during the 1930s," pp. 31–52.

[②] Wang Gungwu, "The Limits of Nanyang Chinese Nationalism, 1912–1937," in C. D. Cowan and W. Wolters, ed., *Southeast Asian History and Historiography: Essays Presented to D. G. E. Hall* (Ithaca, New York: Cornell University Press, 1976), p. 410.

六　金文泰总督(1930—1934年)统治下的马来亚华侨

许多,虽出生于马来亚,但在当地的中文学校受教育,他们自认为是中国的忠实国民,他们对中国的政治效忠,远超过他们对马来亚的效忠。他们之中,有许多人不会说英文,在英国殖民地政府统治下,也无法享受政治权利。至于许多被称为"峇峇"的土生华人,他们对英殖民地政府的效忠远甚于对中国的效忠,他们是英国国民,在英校受教育,参与当地政治活动,并自认为与英属马来亚荣辱与共。事实上,就土生华人整体而言,他们曾公开表示支持金文泰的排华政策①。第二群体,是在政治上较具弹性的一群人,他们虽常支持效忠中国的活动,但也与英殖民地政府维持良好关系②。他们大部分只具有乡土意识,以生为中国人为傲,但却不愿触怒殖民地政府,他们经常参与当地的种种福利活动,但在政治上,则不愿明确地表示他们的立场。

马来亚华侨社会中,对于中国国民政府的不同效忠程度,复因侨社中各方言群的存在,更显复杂,除"国语"教学外,殖民地政府一向鼓励中文学校以各地方言为教学媒介③。对使用方言之鼓励,无疑加强各方言群之凝聚力,由于殖民地政府不鼓励"国语"的使用,因而在马来亚华侨各方言群间,不易产生政治共识。曾有研究指出,对方言群的认同,足以妨碍民族主义之发展④。缺乏共同的国家意识,正符合殖民地政府对马来亚华侨分而治之的政治策略。笔者认为马来亚华侨缺乏这种较方言群认同感更大的政治认同,足以导致马来亚华侨无力反抗

---

① *Proceedings of the Legislative Council* (Singapore: 1932), p. B145.
② Wang Gungwu, "The Limits of Nanyang Chinese Nationalism, 1912 – 1937," p. 410.
③ Gwee Yee Hean, "Chinese Education in Singapore," pp. 109 – 110.
④ C. F. Yong, "Pang, Pang Organizations and Leadership in the Chinese Community of Singapore during the 1930s," p. 32.

金文泰的铁腕统治。

20世纪30年代之经济大恐慌,对马来亚华侨造成极大的困难。马来亚华侨之经济活动着重于原料的输出与消费品之输入,而华商又多从事转口贸易。马来亚的原料输出主要为橡胶与锡两项,因此国际市场对此两项商品的需求,与马来亚地区的经济荣枯,有密切之关系。马来亚经济发展,亦随着国际市场中对此两项商品的供求情形而波动。20世纪30年代,就因橡胶价格的急速下降,造成华侨社会中重大的经济损失。由于经济恐慌,导致许多经济社会问题的产生,例如,破产与大量的失业[1]。许多原来支持效忠中国政治活动的华侨,由于本身经济困难,无力继续支持这些活动[2]。而中国本身亦因经济大恐慌之影响,无法资助倡导效忠中国之相关活动。尤有甚者,在20世纪30年代初期,中国遭遇洪水、饥荒之际,复面临日本之武力侵略。虽然中国驻马来亚的领事馆官员,对马来亚华侨所遭遇之问题密切注意,但因领事馆本身之财政困难,无法对遭遇不幸之华侨伸出援手。由于中国国内经济情况之不佳,1932年初,中国国民党总部曾发电其在马来亚之支部,令其自寻财源[3]。中国驻新加坡与槟榔屿之领事馆,曾因经费困难,积欠员工薪资达数月之久[4]。由于缺乏财源,中国在马来亚地区的党政

---

[1] 详情参阅 Tan Bee Bee, "The Impact of the Great Depression on Chinese in Malaya and Singapore, 1929-1934." 例如:资金雄厚影响大的陈嘉庚橡胶公司,于1934年倒闭。侨务委员会曾训令驻星总领事支援陈氏,但因领事馆经济拮据而无法完成任务。

[2] Tan Bee Bee, "The Impact of the Great Depression on Chinese in Malaya and Singapore, 1929-1934;" Fu Mui Kim, "The Kuomintang in Malaya, 1930-1934," p.46.

[3] 该份中央党部的报告被殖民地当局所截取。请参阅 C.O.273/579, *Monthly Review of Chinese Affairs*, 第二十号, 1932年4月, 附录于《海峡殖民地与马来联邦致殖民部的机密报告》, 1932年5月6日, 第24页。

[4] Tan Bee Bee, "The Impact of the Great Depression on Chinese in Malaya and Singapore, 1929-1934."

机关，对推动效忠中国政治意识的行动失去活力，因而更削弱了马来亚地区华侨对殖民地政府排华政策的抵抗。从这个角度看来，经济大恐慌的发生，降低了马来亚华侨民族主义与英国殖民地主义之冲突。

6. 讨论

殖民地政府曾以20世纪30年代之经济大恐慌，当作实施《移民限制条例》的借口，一些研究报告以为限制移民的政策，源于经济的不景气，他们认为，经济上的考虑，实为限制移民的根本原因[①]。他们强调，在经济大恐慌发生之前，殖民地政府从未限制华侨的移入，由于经济恐慌，造成严重失业问题，为解决这个经济难题，殖民地政府始采取对移民的限制。然而，这种观点有待商榷，因为殖民地议会乃远在经济大恐慌发生之前，便已通过《移民限制条例》。尤有甚者，当1932年实施《外侨条例》时，华民护卫司明白表示，外侨条例之制定，不仅是要限制移入马来亚地区华侨的数量，更要控制华侨之品质，他认为，近年来马来亚华侨社会内政治不安的情势，迫使殖民地政府不得不密切注意移入星马地区之华人品质，以便消除华侨社区中之政治不安[②]。因此，当时侨界中盛传，殖民地政府对移民之种种限制，首在对付华侨之移入，尤其是具有"效忠中国"倾向华侨人士之移入。笔者认为此种说法，确有相当事实根据，而非捕风捉影之妄论。依据笔者对殖民地政府在此时

---

① Fu Mui Kim,"The Kuomintang in Malaya, 1930-1934,"p.20; Chu Tee Seng,"The Singapore Chinese Protectorate, 1900-1941,"p.31.

② Chu Tee Seng,"The Singapore Chinese Protectorate, 1900-1941,"p.16, Table 2.

所采取的种种压制手段之观察，马来亚殖民地政府确将压制华侨倾向中国政治意识的兴起，视为其统治马来亚之重要目标。其对华侨政治活动之控制情形，亦可从其对所谓"非法社团组织"成员的逮捕与追控，略窥一二。1924年，制定《社团注册条例》时，本意在对付犯罪集团，维护社会治安。1925—1928年间，殖民地政府依据该条例，共侦办101个案件，起诉280人，几乎所有案件及被提起公诉之人员，皆属于犯罪集团，对于稳定当地的治安，贡献良多。但自金文泰接任海峡殖民地总督兼英驻马来联邦最高行政专员职务后，《社团注册条例》在当地社会所扮演的角色，逐渐改变。以1931年为例，依据《社团注册条例》被起诉的案件，共有78件，其中71件涉及政治性质，而只有7件针对破坏社会治安的犯罪集团[①]。《社团注册条例》如今却被殖民地政府当作消灭马来亚华侨政治活动之工具，金文泰这种对《社团注册条例》在应用上之改变，无疑严重地打击了马来亚华侨政治意识的成长。

马来亚地区华侨"效忠中国"政治组织与意识之发展，在金文泰统治下，确实经历一段黯淡的日子。由于当时华侨最大之政治团体——中国国民党——惨遭严重的打击，以致无法发展出一个融合各方言群的政治理念，金文泰对中国国民党活动之种种限制，迫使其无法公开活动，因而使得马来亚华侨在发展民族意识的阶段，没有一个可运用的政治组织。由于缺乏有效且有经验之政党的领导，许多促进华侨民族意识发展的活动，无法推动。也就是说，华侨之民族主义无法发展成熟。曾有许多研究指出："异族之侵略，是激发华侨民族主义兴起与发展

---

① Chu Tee Seng, "The Singapore Chinese Protectorate, 1900–1941," p. 18.

的重要因素。"① 甚至曾有学者认为,20世纪以来,日本对我国的一再入侵与压迫,逐步唤醒马来亚华侨之民族主义意识②。然而,当20世纪30年代日本对华侵略行动日趋激烈之时,马来亚华侨效忠中国之政治意识,却发展得非常缓慢,这种不寻常的现象,似乎显示金文泰之排华政策,对马来亚华侨政治意识的醒觉与发展,产生相当大之阻力。

回顾以往马来亚华侨与中国民族运动之关系,马来亚华侨对祖国的贡献是在财政上,侨胞通过各种渠道寄回为数颇巨的侨汇,协助祖国平衡对外贸易之赤字,而华侨抵制日货之运动,亦严重威胁日本在马来亚地区之工商发展。是故,马来亚华侨民族主义的兴起,带来的是经济上而非政治上的功效。殖民地政府对马来亚华侨政治活动之敌视,似乎误解此类活动之真正意义,马来亚华侨民族主义之发展与英殖民地主义并无冲突之必然性,金文泰之各项排华政策,实在是不了解马来亚华侨民族主义真义下,所作出之不必要的反制动作。

---

① Fu Mui Kim, "The Kuomintang in Malaya, 1930 – 1934," p. 18.
② 例如:Yoji Akashi, "The Nanyang Chinese Anti-Japanese and Boycott Movement, 1908 – 1928: A Study of Nanyang Chinese Nationalism;" Yoji Akashi, *The Nanyang Chinese National Salvation Movement*, 1937 – 1941.

七 两次世界大战期间星马华侨
反日意识成长之探讨

1. 前言

东南亚华侨政治意识的成长,一直是个相当引人注目的题目,许多涉及东南亚历史、政治、社会或经济的著作,多少都会涉及这个问题,另有许多研究论文更对这个问题作过个案或整体的讨论[①],其中不少研究是针对东南亚华侨对中国国内一些排外事件和民族运动事件所作的反应。在这些研究之中,由于星马华侨在整个东南亚华侨社会中,具有非常重要的地位,而星马华人在当地经济、政治及社会上又扮演着远非其他地区的华侨所能及的角色,星马华侨的种种集体行动,便更引人注目,成为研究的对象。

---

① 例如:Yoji Akashi, "The Nanyang Chinese Anti-Japanese and Boycott Movement, 1908–1928: A Study of Nanyang Chinese Nationalism," Yoji Akashi, *The Nanyang Chinese National Salvation Movement*, 1937–1941; Pang Wing Seng, "The 'Double-Seventh' Incident, 1937: Singapore Chinese Response to the Outbreak of the Sino-Japanese War";许秀聪:《星马华族对日本的经济制裁(1937—1942)》;陈万发:《星马华族救国抗日活动(1931—1932)》;崔贵强:《海峡殖民地华人对五四运动的反响》;李恩涵:《星马华人的抗日救亡运动(1937—1941)》,《南洋学报》第四十卷,第一、二期(1985)。

在研究星马华侨政治意识的产生与发展时，许多学者以星马华侨的反日事件作为研究对象，由星马华侨对中国国内的反日运动所作反应，作为当地华侨对于祖国的政治意识或民族主义发生与成长指示灯。偶尔，也有一些学者，讨论到此地区华人的反英行动。由于星马华侨的政治集体行动，绝大多数具反日性质，不少研究华侨问题的学者，也就以反日运动，作为民族主义运动的代名词。这种现象，一方面是因日本向中国大陆采取扩张政策，引起了中国民众对日本敌视而造成反日事件的频繁；另一方面，也反映出星马华侨对日本帝国主义行为的高度敏感性，即使中国国民党在 1924 年改组后所提倡的反帝运动，主要是针对英国①，但一般中国民众及星马华侨的反日情绪，却远比反英情绪来得强烈。

2. 历史背景

中国沿海居民向海外移民，具有很长久的历史，清初，由于政治因素，政府曾一再严禁人民向海外发展，这项限制，直到西力东渐以后，才于 1860 年废除。当然，在这个禁令废除之前，仍有许多人"违法"向东南亚一带移入，这批在清政府法律上算是"罪犯"的海外居民，渐渐地引起清廷的重视。清政府对华侨的重新评估，起初是对他们的经济力量重视，后来是

---

① 国民党改组后，采用反帝国主义作为中国民族主义运动的理论根基。不少学者因此肯定国民党的反帝运动与南洋华人的反日意识与行动有密切的关联。事实上，中国国民党在 1924 年改组后，它的反帝是一般性的反对外国政治势力对中国的压迫，对日本并不特别敌视。1924 年秋的广州商团事件，促使国民党的反帝目标变为反英运动。此后，"五卅惨案"及"广九罢工"，虽然都是导源于中国民众的反日行动，却在中国国民党领导下，成为激烈的反英运动。见 Hung-ting Ku, "Urban Mass Movement: The May Thirtieth Movement in Shanghai," *Modern Asian Studies*, Vol. 13, No. 2, April 1979.

对孙中山先生以及康有为、梁启超等在海外华侨中所作政治活动的一种反应。

清廷废除海禁政策之后,对海外移民由敌视转为护卫,清朝官员亦开始出洋巡视。这些官员南来星马地区,一方面劝导侨民投资发展祖国的实业以及用鬻卖官衔方式,吸引侨资与笼络侨民领袖;另一方面,对一般侨民加以宣慰,以便对抗革命党及保皇派的宣传工作,企图从根本上消除海外侨民对革命党或保皇派的支持和参与①。为了加强对星马侨民的影响,清廷且于1877年在新加坡设立领事馆。此后,在一位曾任清驻星总领事的倡议下,新加坡中华商务总会于1906年成立。总商会自创立之后,一直是当地侨民与清政府间的重要桥梁,也是星马华侨的重要社团组织②。戊戌政变后,康有为亡命南来,在星马各地,到处讲学,呼吁发扬祖国文化,并谋取侨民的支持。孙中山先生领导的同盟会,亦奔走呼号,创办书报社,宣传主义,并吸取海外党员共赴革命大业。

在清廷、立宪派(保皇派后因光绪帝之逝世演变为立宪派)及革命党三大政治势力的冲击下,星马华族社会的政治意识,无疑地逐渐提高。在19世纪末与20世纪初期,大多数星马华侨的政治意识形态,仍然以方言群为范围,但民族意识已

---

① 颜清湟与欧阳昌大都指出当时的星马地区的华人领导层与满清政府有密切关系,见颜清湟著,张清江译《清朝鬻官制度与星马华族领导层(1877—1912)》以及欧阳昌大《新加坡华人对辛亥革命的反应》。

② 崔贵强:《晚清官吏访问新加坡》。以为满清官吏的南巡,旨在吸收海外华人对祖国作经济上的贡献与政治上的效忠。然而,孙中山及其革命同志在南洋地区,尤其星马一带的创立书报社及同盟会友会的活动,亦不可否认的,激发了海外华人的政治意识,促进星马华人对"祖国"政治发展的关怀。关于孙中山在星马的活动,参阅刘世昌《中山先生与南洋》、李国雄《南洋华侨与民族主义之发展(1895—1911)》,以上二文皆收入辛亥革命与南洋华人研讨会论文集编辑委员会编《辛亥革命与南洋华人研讨会论文集》,第47—64、74—86页;冯自由《革命逸史》,台湾商务印书馆1971年版。

七 两次世界大战期间星马华侨反日意识成长之探讨　　101

逐渐地成长。例如，对黄花岗起义、辛亥革命，星马华人都做了重要的贡献①。此后，在中国的国民革命运动中，星马华人更曾多次对日本采取"经济绝交"或抵制日货，表示他们对中国统一、主权完整等有关整个"中华民族"利益的原则，加以强烈的支持。事实上，正是在这类一再发生的政治活动，尤其是排外运动中，民族意识逐渐滋长，慢慢地把星马华人的视野扩大，把他们"群"的认同，从方言群或其他地方性团体，扩大到整个中华民族，产生民族意识。

在一个群体的群体意识的发展过程中，共同抵御外来压力的经验，无疑是一种重要因素。星马华侨虽分几个方言群，相近的方言群固然使同一方言群的人，易于产生共同认同感，而许多华侨，尤其是星马华侨在本身经济利益受到损害的情形下，很容易发生反日事件。1923 年，地缘性及血缘性的组织，更加强了这种认同感②。在平时方言群常会彼此竞争，但当面对一个更大的外来威胁时，这些分属于不同方言群组织的华侨，会产生一种"华侨"的共同意识的可能就大大地增加。日本在华的各种军事冒险及经济侵略，提供了星马华侨政治意识成长的机会。东南亚华人，便爆发了一次自发性的反日行动。这一次的

---

① Yen Ching-hwang, *The Overseas Chinese and the 1911 Revolution with Special Reference to Singapore and Malaya*.

② 民族主义的发生与成长，本是一个相当复杂的论题，共同语言，共同历史经验，同一文化，同一宗教都曾扮演民族主义产生的重要角色。就"中华民族"而说，共同文学与文化，似乎是形成"华族"特征的根基，满族入关后，渐被"汉化"，满汉间的界限就文化来说，已不清晰，然而，满人享有政治上的特权，使得满汉之界仍然存在，故革命党人的"反满"言论与行动，能吸引相当部分汉族的注意，一旦清朝覆灭，满族问题就显得不很重要了。但是，在汉族里面，各方言群，各省区的地域主义仍然盛行，只有面对外来势力压迫时，各方言群或省区为中心的意识，才逐渐消失。有关民族主义产生与发展的理论，参阅 Hans Kohn, *Nationalism: Its Meaning and History* (New York: D. Van Nostrand Co., 1955); Karl Deutsch, *Nationalism and Social Communication* (Boston: M. I. T Press, 1953)。

反日，不是对某一件的国内反日事件所做的反应，而是一次因感于日本对中国历年欺压的抗议。

3. 反日运动的性质与发展

由于海外华侨与中国本土关系密切，他们的政治意识与行动，当然会跟中国国内政治发展，有很大的关联。20 世纪 20 年代及 30 年代，绝大多数的星马华人，出生在中国大陆，家乡观念根深蒂固。而当时的星马地区，仍是英国殖民地，绝大多数华人，都是"非公民"，华文教育的蓬勃，也加深了星马华侨与中国本土间的关系。因此，当中国因受外来侵略而产生排外事件时，星马华侨很容易受波及而产生反应。

星马华侨多次的共同对外行动中，大部分的排外运动，是以经济绝交方式来打击日本的贸易，许多学者也就以星马华侨的屡次反日行动，作为星马华侨民族主义发展的标志与证据。不可否认的，在各次的反日行动中，许多人是因民族主义的意识而自动参与反日行列的。星马地区的反日行动，一向被认为是海外华人对日本侵华行动的一种而已，这种反映是因民族主义的意识而自动产生的[①]。日本学人明石阳至在 1968 年发表了

[①] 在 1921 年，马来亚（包括海峡殖民地）共有华人 1174777 名，其中出生在马来亚的只有 258523 人，不到 1/4。到 1931 年，出生在马来亚的华人比例，升高到 1/3 弱。详细情形参看：C. A. Vlieland, *British Malaya：A Report on the 1931 Census*. 依英国国籍法规定，除归化外，只有出生在英国本土或其殖民地的人，才算是"国民"，由于当时甚少归化的情形，因而大部分居住在马来亚的华人，都不算是"英国国民"。中国国籍法规定，只要是生时父为中国人，或生于中国，父母均无可考或无国籍，即为中国人。因此，依中国法令，几乎所有在马来亚地区的华人，都可算是中国人。有关中国国籍之规定，除中华民国民法外，可参看丘斌存《华侨双重国籍之治本原理》，台北丘祝元，1957 年印。

《南洋华侨反日与抵制日货运动（1908—1928）》一文①。明石阳至认为1908年的辰丸事件，是南洋华侨民族主义的表现，日轮二辰丸号因替革命党私运军火而遭清廷扣留，由于海外华侨对清廷并无好感，因此他认为因辰丸事件而采取的抵制日货运动，乃由于该轮侵犯"祖国"的主权之故。至于1915年的反日行动，乃是海外华侨为中国国内反"二十一条款"运动的一种反应。在这次反日运动中，由于星马地区处于英军的戒严令下，星马华侨的反日行为受到约束而未趋剧烈，但抵制运动仍从6月维持到9月。

自此以后，每逢中国国内发生反日运动，星马华族社会都发生共鸣。1919年的五四运动，当然也引起星马华侨的反日行动②。五四运动后，中国各地对日本实施经济制裁，抵制日货，星马华侨经当地中文报纸渲染报道后，也产生了反日暴动。在新加坡，许多日货与非日货同遭破坏，日厂遭袭击，许多经营日货的华商及日人公司的华族雇员，被警告必须与日人断绝关系。在骚动期间，日人大多紧闭门窗，足不出户。事后统计，骚动造成死亡者4人，华、印各2人；受伤者8人，多为华籍。同时，槟城、吉隆坡也发生骚动，捣毁日货，一些商业接到警告信，在槟城，除日人商店遭破坏外，示威之劳动者抢夺仓库粮食，与警方发生冲突，并因一连数天之骚动，使槟城成为死市，商业停顿，工人停工，行人绝迹。不过，这次抵制日货运动并未能持续，乃因日货价廉物美，适合购买力弱的当地居民，且日货代理人多为华商，在抵制日货运动的压力下，勉强顺应

---

① Yoji Akashi, "The Nanyang Chinese Anti-Japanese and Boycott Movement, 1908–1928: A Study of Nanyang Chinese Nationalism."
② 崔贵强：《海峡殖民地华人对五四运动的反响》，第13—18页。

时势，难免阳奉阴违不肯积极进行。

第一次世界大战期间，以及大战后的几年，日本在南洋，尤其在星马地区的经济活动急速增加，不少日本公司在星马设立分公司，直接销售日货，并培养印度人及马来人成为日货的零售商，日本公司的这项政策，似乎有意减少日货对华商的依赖性[①]，然而，日人的这些经济活动与南洋华侨的主要经济地位——中介商——产生严重的冲突。日本分公司的设立及直接销售方式，又取代了一些华商在销售日货上的头盘商的地位。以往日本商人在星马地区因资本小，即使经销日货，亦经由华商取得货品，现因日本大公司在星马设立分店，而不再经由华商[②]。以往星马华人的反日行动，往往是中国本土发生反日事件时的一种响应的行动。现在，东南亚华侨，尤其星马华侨在本身经济利益受到损害的情形下，很容易发生反日事件。1923年，东南亚华人，便爆发了一次自发性的反日行动，这一次的反日，不是对某一国内反日事件所作的反应，而是一个因感于日本对中国历年欺压的抗议。

1928年5月，日本驻山东的军队企图阻挠国民革命军的北伐，向北伐军袭击，并杀害战地政务委员会交涉员蔡公时，史称"济南惨案"或"五三惨案"。事件发生后，北伐军绕道北伐。

济案消息经星马报章报道后，该地区华侨即作出反应，舆论界首先声讨日军暴行，各阶层亦产生"自发性"反应——经济抵制。并在商界领袖倡导下，各地纷纷成立"山东惨祸筹赈

---

① Yoji Akashi, "The Nanyang Chinese Anti-Japanese and Boycott Movement, 1908 – 1928: A Study of Nanyang Chinese Nationalism," p. 91.

② ［日］野村汀生：《南洋の五十年：シンガポールを中心に同胞活躍》，第225—228页。

会"。反日活动从1928年5月维持到次年3月间，长达十个月。日货的销售，在抵制期间受到相当大的打击。许多批售日货的行商，自动地或被动地取消了订单，输入马来亚的日本货物，大幅下降。

英属马来亚输入之日货[①]：

表7—1

1927年	4月	2596964元	1928年	4月	2994808元
	5月	2781293元		5月	2254738元
	6月	2626516元		6月	1148154元
	7月	2773542元		7月	443490元
	8月	2521169元		8月	501852元

日人经营的旅馆、银行、保险公司、理发店，以及日本医生，也受到华侨的拒绝往来，收入不及平时的1/3。这种情形促使星洲日人致函日本南洋协会，要求促成华北事件早日解决，同时，要求日本政府施行外交压力，要求星马政府取缔华人的抵制活动[②]。

1931年的"九一八"事变，无疑的又触发了一次星马华人的反日活动[③]。事变消息传到星马之后，新加坡中华总商会立即召开紧急会议，除分电广州政府及南京政府，"请息内争，一致对外"，并在福建会馆及青果行公局两个地缘性与业缘性团体的建议下，召集全侨大会，成立"新加坡华侨大会"。吉隆

---

① 《叻报》1928年12月8日。
② 王连三：《济南惨案与星马华人》。
③ 有关星马华人对"九一八"事变的反应，参阅陈万发的南洋大学荣誉学士学位论文，以及明石阳至，"A Summary of The Nanyang Chinese and the Manchurian Incident（南洋華僑と満州事変）."

坡的雪兰莪中华总商会及吡叻中华总商会，亦分别致电中国政府及国际联盟，表示关心中国东北局势的发展，呼吁侨胞，关心祖国，激发爱国意识的成长。次年的"一·二八"事变在上海发生后，星马华侨深觉日侵华之野心有增无减，日南进政策又侵害侨胞利益，各地总商会便积极从事筹款活动，配合筹赈运动而从事抵制日货及提倡国货运动。"九一八"事变后，星马华人的反日情绪，在激荡了几个月后，随着次年中、日在上海的冲突，演变成了长达了一年多的抵制日货运动。在这段抵制期间，日货输入星马地区的数量大为减少。

1937年的"七七"事变，再度引起中、日间的武装冲突，乃至演变成全中国的"全面抗战"。这次的中日战争，引发了海外华族强烈的反日行动，星马华侨，不止一次的公开表示他们对中国政府的支持与效忠。同时，各地纷纷组织筹赈机构筹募捐款，并发动对日货的抵制[1]。

"七七"事变的消息传到星马地区后，各地华侨显示了他们反日的情绪。新加坡的重要中文报纸，如《南洋商报》便马上鼓吹全面抗战，《星洲日报》亦大幅刊载华北地区抗日军队的活动。新加坡的中华总商会亦表示其抗日的态度[2]。这一次的反日行动，中国国民党星马支部固然全力以赴，争取华侨的支持，星马华侨中的知识分子和各阶层的爱国分子，也热烈地响应国民政府的呼召，参与"救国运动"。

---

[1] Yoji Akashi, *The Nanyang Chinese National Salvation Movement*, 1937–1941. 明石阳至对星马华人的救国运动，曾有相当详细的讨论。他认为，南洋华人对日本在华的军事冒险行动，作出一种自发的爱国行为——反日与抵制日货。

[2] 李恩涵：《星马华人的抗日救亡运动（1937—1941）》，第2页。

4. 反日行动与反日意识之探讨

由于英殖民地政府的严守中立，对于中国政治的各机构，中国国民党星马支部及中国共产党在星马地区的反日活动，都采取严厉的限制，不准星马华侨有组织的汇款接济中国的任何军事用途，并强力压制星马华侨具民族主义的各项活动①，星马华侨只好成立筹赈会，负责筹集款项，用作救济因战争而产生的伤民与难民。

1937年8月15日，在新加坡著名华商陈嘉庚领导下，成立了"马来亚、新加坡华侨筹振祖国伤兵难民大会委员会"，劝导侨胞捐输款项以资助中国的抗日战争②。为统一马来亚各地之筹赈单位，各地代表于同年10月10日在马来亚的吉隆坡开会时，通过以华族占当地人口最多数的新加坡为"马来亚各区华侨筹振祖国难民会联合通讯处"③。一年后，在陈嘉庚的倡导下，更成立了"南洋华侨筹赈祖国难民总会"，推动了全东南亚华侨援助祖国的活动，在筹赈总会的领导下，南洋华侨踊跃

---

① Pang Wing Seng, "The 'Double-Seventh' Incident, 1937," p. 276. 有关英殖民地政府对我华侨在星马地区政治活动之限制，可参阅中国国民党党史会党案482/1（1934年），及英殖民地政府档案 C. O. 273/569, October 1931; C. O. 273/597, January 1935; 英殖民地政府，一方面严格限制任何可能触引反英意识成长的活动，另一方面却容许反日意识的培养，似乎在对星马华侨政治意识的成长上作了导向作用，有关中国国民党在星马的活动，可参阅 Hung-ting Ku, "The Kreta Ayer Incident in 1927"。

② 关于陈嘉庚的活动，吴振钦及杨进发曾有相当详细的讨论，见吴振钦《陈嘉庚的政治活动（1945—1950）》（南洋大学荣誉学士学位论文，1977年）；杨进发《战前星华社会结构与领导层初探》（南洋学会，1981年）。有关星马华人抵制日货情形，参阅许秀聪《星马华族对日本的经济制裁（1937—42）》。

③ 陈嘉庚：《南侨回忆录》，第44—45页；李恩涵：《星马华人的抗日救亡运动（1937—1941）》，第5页。

的认捐由中国政府发行的公债,并捐献巨款救济难民①。

除了直接在经济上救助中国在抗战中受害的难民外,星马侨胞又再度发动了抵制日货的行动,侨居地的中文报纸及杂志,大力鼓吹爱国思想,灌输抗日意识,并教导侨胞如何配合抗战形势的发展去从事各种合法的抗日活动。各地的筹赈会更主办各类通俗演讲、短剧,深入乡村地区,向那些教育程度较低的华侨宣传,让他们了解抗战的意义,倡导全面的对日经济绝交。他们的努力,似有相当的效果,星马华侨商界纷纷响应对日经济绝交的呼召,对日货采取拒买及拒售的行动②。另有许多经销日货的侨胞亦自动或被动地放弃日货的销售,而那些继续销售日货者,则被星马华侨社会视作"汉奸"或"卖国贼",遭到爱国分子的警告或威胁③。

华侨的抵制日货运动,并不局限于华侨社区,许多有识之士更展开工作,争取马来人及印度人的合作,共同抵制日货。爱国分子不但劝告与阻止侨胞进入日人商店,也劝阻印度人及马来人与日人商店及经营日货的商店交易④。华籍议员更透过政治活动,促成市政局通过不用日货而改购英国产品的决议⑤。在这种积极的抵制日货运动下,日货急速从星马市场削减,据估计,抵制日货的效果非常之大,日货每月进入星马地区的数额

---

① Yoji Akashi, *The Nanyang Chinese National Salvation Movement*, 1937–1941, p. 122. 事实上,星马华人对祖国的政治情况,常有迟钝的反应,对英国在华的种种暴行固无甚反应,即使是日本的压迫,也常须报章的多方报道,始能鼓励其爱国的情操,做出一些爱国的表示,而在福建、广东面临日军威胁时,南洋筹赈基金的工作才开始。

② 有关各项对日经济绝交的活动,参阅许秀聪《星马华族对日的经济制裁(1937—42)》。

③ 有些甚至被割掉耳朵,许秀聪《星马华族对日的经济制裁(1937—42)》,第145页。

④ 同上。

⑤ 李恩涵:《星马华人的抗日救亡运动》,第11页。

七 两次世界大战期间星马华侨反日意识成长之探讨　◇◇◇　109

从 1937 年 7 月的 460 万元，跌至 1938 年 4 月的 88 万元①。星马华侨在经济上的抵制日货，除了激发华侨的爱国心，从而促进他们以"中国为中心"的政治意识的成长外，提倡国货亦带来经济上对华侨实业的支持，促成华侨工商界不致因抵制日货的活动而招致过大的财物损失，从而能使对日的经济绝交活动及各种反日运动维持相当长的时期不致草草了事。

在两次世界大战之间，中文教育在星马地区，一般而言，只要学校的管理与活动不危害殖民地的秩序，殖民地政府便不加以干涉。1919 年的五四运动，亦在星马产生相当的回应，中文学校的带领发动反日活动，引起殖民地政府的侧目，因而在 1920 年通过法案，要求中文学校向殖民地政府注册，校长与老师亦须登记。1925 年更制定法令，规定中文学校的经营与环境卫生的标准②。然而，直到星马获得自治，英殖民地政府仍旧将华文教育视作当地华侨为其子弟所设立的学校，而让它们自由存在③。中文教育的兴起与发展，在星马华人的政治意识的成长过程中，无疑地扮演着一个很重要的角色。在 20 世纪二三十年代，不但学生、教师与学校的数目，逐年增加，更重要的是课程内容的蜕变。1924 年的国民党改组，将"反帝国主义"加以强调，成为中国民族运动的重要理论基础。逐渐地，要求中华民族独立自主，与其民族平等相处的思想与知识，深入一般知识分子脑中。中、小学课本中包括许多足以激发"以中国为目标"的民族意识的教材，多为偏重于对中国历史与文化的描

---

① 上述贸易数字，转引自吴振钦《陈嘉庚的政治活动（1945—1950）》，第 9 页。有关爱国分子的活动，参阅吴振钦《陈嘉庚的政治活动（1945—1950）》，第 10—13 页。
② 有关星马中文教育参阅 Gwee Yee Hean, "Chinese Education in Singapore," pp. 100 - 127.
③ 同上书，第 112 页。

述，而少提及华侨侨居地的资料，有关外国侵略中国事件的叙述，更加强与刺激华侨民族意识的成长。由于星马华人绝大多数为第一代移民，当时尚为英国殖民地的马来亚，在这批"非公民"的心目中，自然不能算是"祖国"，因而，在由中国前来星马执教的教师指导下，念中国出版的中文教科书的学生，自然很容易受到感染，而具有强烈的中国民族意识，自认是"中国人"①。

一般说来，第二次世界大战以前的星马华侨社会，可粗略地分为三个群体：第一个群体多为第一代的移民，他们关怀中国的政治发展，且对中国作政治上的认同；第二个群体则有第一代移民也有第二代的海峡侨生，但因各种社会及教育背景，或主动或被动地被排斥于殖民地的政治活动外，但也不热衷于中国本土的政治活动；第三个群体则为土生土长且受英文教育的华人，他们虽不否认与中华民族在血统上的关联，却不愿与中国的政治发生关系，反而积极参与殖民地政府或当地民族主义的政治活动②。中文教育的积极推动，除加强了第一群体对中国的向心力外，也多少对第二群体及第三群体产生相当程度的影响，至少促使这些身具"中华民族"血统的华人，产生对中

---

① Victor Purcell, *The Chinese in Malaya* 的第六章中，认为中国当局于1929年公布的一些"国耻纪念日"及其简短说明，是种内容虚构的反英政策，旨在造成华人的反英情绪。在第十二章中，巴素更认为中国出版的教科书，即使不含反英教材，亦因为偏重对中国的描述与讨论，而使得学生产生一种自认为是"中国人"的情感，因而，华校的产生与数目的增加，造成了星马华族知识分子的政治意识。巴素的这种见解，确实"发现了"华校在华族政治意识的形成上所扮演的角色。然而，他却未再进一步去研究，为什么会有华校的产生，以及为什么华族学生那么容易因教育而自认为是"中国人"。另外，D. D. Chelliah 却提出另一看法，他认为华校数目的急速增加，是因民族主义的产生，使得华人增加他们本身语言和文化的评价及欲保留本身文化的愿望而造成的，见 D. D. Chelliah, *A History of Educational Policy of the Straits Settlements*, pp. 82–83, 158–159。

② Wang Gungwu, "Chinese Politics in Malaya," pp. 5–6.

七 两次世界大战期间星马华侨反日意识成长之探讨　111

华文化的认同①。

　　第一次世界大战结束后，反战气氛遍布。民主政体在大战中获胜，促使民主观念的盛行，而日本在战时的急速工商业的发展，更给日本朝野开拓一条新的外交路线——那就是经过国际合作和对外贸易，日本可不必动用武力而获得国家财富的增加，从而改善一般人民的生活。因而，在强调国际合作的原则下，日本参加了华盛顿会议。在这次会议中，日本不但签署了限制海军军备的"五国公约"，也签署了保证中国领土完整的"九国公约"②，并应允归还日本在大战期间迫使袁世凯答允的有关山东半岛权益。在日本采取这种温和的国际合作政策时期，大部分是由币原喜重郎主持外交，故这段时期又称为"币原外交"时期。币原外交并不反对日本向外扩张，他主张经由和平手段去保护与开拓国家的利益。大体来说，币原外交与主张武力扩张的武力主义者，手段虽不同，目标却是大同小异的③。

　　战后西方经济力量的重返，以及在东南亚各殖民地采取保护关税或限额制（quota system），使得日货在东南亚的销售逐渐滞销，而在中国大陆的经济活动，因中国民族主义的兴起与蓬勃而受到抵制。币原外交以经济活动代替武力的指导原则，

---

　　① 今日星马地区仍有许多英文教育出身之华人，在接触华文教育后，常改变其以往的偏见，最显著的例子便为新加坡之李光耀及吴庆瑞，有关星马英文教育出身政治领袖对中国政治及文化认同分析，请参阅本书第八章。

　　② "九国公约"是由中、美、英、日、法、荷、意等9个在远东地区有重大利益的国家所签订，在这个条约中，中国的领土完整与行政权的完整，由中国以外的8个国家共同保证。日本在签约后，依约而与中国商谈，归还日本战时所扩大的在山东的特殊权益。"九国公约"的条文，参阅 Daniel Smith, ed., *Major Problem in American Diplomatic History* (Boston: D. C. Heath & Co., 1964), p. 460。

　　③ 有关币原外交的讨论，参阅 Akira Iriye, *After Imperialism: The Search for a New Order in the Far East, 1921–1931* (Cambridge: Harvard University Press, 1965) 及陈昭成，《日本之大陆积极政策与九一八事变之研究》，台湾政治大学硕士学位论文，1966年。

逐渐失去一般日本民众的支持。1927年及1929年的经济萧条，更授予日本国内主张采用武力扩张政策的武人口实。币原外交被指斥为软弱无能而必须放弃。然而，武力盲动的结果，更引起中国人民反日情绪而加强排日的运动。1928年的济南惨案，以及1931年的"九一八"事变，促成中国的反帝国主义运动，演变成为反日运动，星马华人政治意识的逐渐成长，促成他们对中国政治发展的关心，日本在两次世界大战期间的对华军事冒险，因而增加了他们反日的情绪。

5. 结论

在星马地区的华、日两族，早期曾维持相当友善的关系，19世纪90年代，两族之间仍能和平相处。日俄战争（1901—1905）的结束，促进日本致力海外的发展，在星马一带，日本开始发展橡胶树栽植，在新加坡，日本商业活动亦渐臻发达。在第一次世界大战期间，日人商业急剧发展，日货销往海峡殖民地的贸易额由1914年的12639623日元增加到1918年的42288858日元，输往日本的货物，亦在同一时期由5355771日元增至29323644日元。在新加坡的日本商店，在大战发生前，只有28间，到大战结束时，增加至78间，而日本人的数目，亦由数百人增至5000人左右。日本学校、日本人社以及日本报纸——《南洋日日新闻》，都在第一次世界大战期间出现[①]。星马地区日人数目的增加，日本商业的迅速发展，逐渐引起华侨的警觉。日人经营商业的方式——以独占、垄断以及大公司直

---

① ［日］野村汀生，《南洋の五十年：シンガポールを中心に同胞活躍》；Kee Yeh Siew, "The Japanese in Malaya before 1942," pp. 48-88。

接设立零售部的观念与计划,与星马华侨难免发生经济利益的冲突①。而海外日人,因有强大政府作后盾,在南洋各地享有相当优待的地位,甚至在不少地方,"能享受与白人同等的待遇"。反观比日人早来东南亚的华族,却处处受到各殖民地政府的歧视和压迫②。这种不同的待遇,不免使得一向轻视日人的华族又羡又恨,对日人产生愤愤不平的情绪。同时,海外日人又常持"强国公民"身份,对华族以傲慢的态度,这种优越感或自大狂更引起华族的不满。

20世纪30年代,世界性的经济大恐慌恢复缓慢,东南亚的经济亦一直未见好转,尤其星马地区因其工商业集中于锡及橡胶等少数商品,世界市场上的需求对这个地区的经济具有重大的影响,世界经济的不景气,自然波及星马,不少华侨因生计困难,被迫返回中国,许多原本资金雄厚的华侨公司,或倒闭或面临经济崩溃的威胁③。日人却在这个时期提倡向南洋作经济的发展,当日本高唱"南进政策"时,并一再告示日人,指明南洋华侨与中国本土之抗日运动间的密切关系,日人木村增太郎更提醒日人,中国的产业革命及商业进步将大大不利于日

---

① 如果日本商业与贸易,在南洋地区的急速发展,但不直接设立分公司、零售商,也不培养土著零售商,日本的商业活动就与华商不发生冲突,如果华商的中介商的地位能继续维持,日人在南洋地区的贸易额增加,便可不但不与华商冲突而可互助互成。明石阳至认为日本公司的设立直接零售与培养土著零售商,主要是减少对华商的依赖,以免受华人抵制日货运动的影响。事实上,日人的做法,引起更多华人的猜忌与警觉,培养华人反日情绪。有关日人的商业活动,参阅野村汀生《南洋の五十年:シンガポールを中心に同胞活躍》,第215、225—228页。

② 叶绍纯:《日本勾结暹罗与暹罗排斥华侨的前因后果》;朱蒂:《华侨在南洋之经济势力》,《南洋研究》,第三卷第二期(1930)。

③ 有关20世纪30年代星马华侨之经济状况,参阅 Tan Bee Bee, "The Impact of the Great Depression on Chinese in Malaya and Singapore, 1929–1934"。

本①。华人中的有识之士，因而忧心忡忡，为华人数百年在南洋辛苦建立的根基而担忧，在报章、杂志上呼吁华族团结一致，共同对抗日人的南下。日人的南进，在华族心目中，便成为对华族全体利益的一项威胁与侵害②。

日本的向南发展，在第一次世界大战期间，曾有很大的成就，在1914年到1918年，日本与星马的贸易，大幅增加。大战后，由国联委托接管了西太平洋地区原属德国的许多岛屿，因而在领土上有了南进扩张的基地③。在1940年以前，日本在东南亚地区所着重的是经济活动，30年代的"南进政策"，主要的是由商界所提倡的"开发南洋经济宝藏"的政策④。这种政策，在与华侨经济利益冲突，以及华族对日人普遍不满的情绪下，成为一种刺激华族反日意识成长的催化剂。虽然币原外交标榜着日华亲善，不干涉中国的内政，而第一次国民党容共时期的反帝运动也以反英为主要目标，然1925年的"五卅惨案"以及1928年的"五三惨案"，中国民众都表现出反日的情绪。币原外相在1928年10月发表的"外交管见"中，仍强调经济发展而反对干涉中国内政，呼吁中日两国相互提携，并促请日人振兴国外贸易及海外投资⑤。这种温和的外交政策，后因

---

① ［日］木村增太郎：《日本人眼中之南洋华侨》，刘士木译，《南洋研究》，第三卷第六期（1931），第30—35页。
② 叶绍纯：《日本勾结暹罗与暹罗排斥华侨的前因后果》；卢建业：《中日侨民之海外竞争》，《南洋研究》，第二卷第五期（1928）；魏振华：《国人应注意严重的南洋华侨问题》，《南洋情报》第一卷八期（1933）。
③ ［日］木村增太郎：《日本南进策》，刘士木译，《南洋研究》，第二卷第五期（1928）；刘士木：《日人藤山雷太的南进策》，《南洋研究》，第一卷第一期（1928）。
④ ［日］木村增太郎：《日本南进策》，刘士木译，第96、99页；武井裕：《胸中雪亮的南进略谈》，刘士木译，《南洋研究》，第三卷第二期（1930）；叶绍纯在他的文章中，亦承认日本南进的主要口号为经济发展，见叶绍纯《日本勾结暹罗与暹罗排斥华侨的前因后果》。
⑤ 陈昭成：《日本之大陆积极政策与九一八事变之研究》，第9页。

军部的反对，逐渐被武力主义所取代。1931年的"九一八"事变后，日本军部逐步控制了政权，对华采取武力扩张政策，星马华族的政治意识，尤其反日意识，也就在爱国志士鼓吹下，急速成长，反日意识与行动演变为星马华侨政治觉醒的主要推动力。

日本的兴起，不管是经济上的发展或武力的扩张，都引起了中日两国民族间的冲突。这种冲突，有时是实质上的冲突，有时却只是种想象上的冲突。币原外交固然引起华侨的不满与敌视，强调武力扩张的武力主义外交，更引起华族的反抗，从而促使华族的团结与政治意识的成长。星马华族反日的情绪更因星马华人与日本在星马的经济发展计划及实际商业活动发生冲突而激发成反日行动，反日意识的成长及反日运动因而成为星马华族政治意识兴起与发展的推动力。

八 星马华人政治与文化认同的困境：南洋大学的创立与关闭*

1. 南大的创办与早期发展

　　1955年3月15日，坐落于新加坡裕廊镇的南洋大学正式开学。南大的建立，给东南亚一带的华人子弟提供继续用华文完成大学教育的机会，成为华族在东南亚的最高学府[①]；但也为亟欲消除华文的殖民地政府带来不少困扰，因而对它的立案加以百般阻挠。三年后，南大始能以私人公司的性质，在"南洋大学公司"的名义下完成注册手续[②]。1958年3月30日，南大正式举行落成典礼，十多万人涌往校园参加开幕典礼。

---

　　* 新加坡又可译作星加坡，简称为星洲。第二次世界大战后，"中文"逐渐被称为"华文"，"中文学校"也就简称为"华校"。

　　① 南大的创立，一方面为南洋各地华校毕业生提供升学之门，另一方面亦为这个地区的华文中、小学培养师资，参阅《南洋商报》1953年1月19日社论；《南洋大学创校史》（南洋大学，1956年）；陈金土《从福建会馆创办南洋大学看新加坡华文教育中"商人、会馆、教育"的连锁关系》（南洋大学历史系荣誉学士学位论文，1970年），第二章。

　　② 《南洋大学创校十周年纪念特刊》（南洋大学，1966年），第35页。1966年，新加坡教育部长王邦文便曾明言"那时候的殖民地政府对南大的看待即算不敌视，也难免没有歧视和不理会的嫌疑"。

八　星马华人政治与文化认同的困境：南洋大学的创立与关闭　◇◇　117

　　创校之初，南大从台湾各大学聘请学者专家前往任教，许多著名教授先后应聘前往①，但殖民地政府在新加坡获得自治之前，发表了"南洋大学评议会报告书"。该评议会以由白里斯葛（Professor S. L. Prescott）为主要的五位外国学者组成，以一个月时间完成报告，事前以秘密调查方式取得资料，事后又焚毁所有文件，使得星马中文教育的支持者，不但怀疑其报告内容的准确性，更怀疑政府当局做这种调查的居心②。

　　1959年6月，新获得自治地位的新加坡政府，一方面宣布以平等原则对待英、华、印、巫四种源流教育，另一方面根据那份白里斯葛报告书，要求南大提高学生英文能力。英文报章则进一步建议南大以英文当作教育媒介。由于南大师生及华人社会的激烈反对，新加坡的教育部长发表"南大教学媒介保持原状"的保证③，以安抚反对的浪潮。不过，新成立的自治政府，对南大的学位与殖民地政府一样，不予承认。很可能是由于政府继续对南大采取敌视的态度，在以后的数年间，南大学生会与政府一再发生冲突，终于导致学生会的被解散与大批学生的被捕。在冲突过程中，南大学生一再指责新加坡政府不但企图消灭民族教育，且一再不经审判逮捕学生，压制学术自由并企图瘫痪华族的爱国精神，政府却以共产活动、华人沙文主

---

　　① 吴相湘、邹豹君、王德昭、王叔岷、李孝定、林绍豪、陈水逢、杨承祖、文崇一、张奕善、苏雪林等都曾先后前往南大任教。
　　② 《南洋大学创校十周年纪念特刊》，第17页；白氏的调查报告全文，请参阅 Report of the Nanyang University Commission, 1959（Singapore: The Government Printing Office, 1959），至于对南大课程的批评，参阅白氏报告之第五章。
　　③ 石崖：《南大过去的一段历史》，《绿洲双月刊》第五期，1979年2月，第7、8页。

义等罪名指责南大及学生会①，1963年9月22日，南大理事会主席陈六使被取消公民权，旋被迫辞职②。

在新加坡政策日渐稳固的人民行动党政府，由于其领导层大多数出身英文源流，对华文教育既歧视且敌视，为求确实掌握下一代，培养出他们心目中的"新加坡人"，对南大不得不逐步控制。1969年，以承认南大学位为条件，答应给予财政上津贴，使南大成为半官方的教育机构③。

同时，为了有效控制南大的发展，1964年年底，一群由新加坡执政党（人民行动党）党员为首的南大毕业生，组成了"南洋大学毕业生协会"④。这个协会提出三大宗旨：（1）促进对当地政府的效忠。（2）争取南大毕业生福利。（3）与南大当局保持联系，协助发展南大。一年多后，出版《燎原报》以推广他们的影响力，并参加南大公司成为会员，选派两名代表为南大理事会理事。该会一再标榜为改善南大的地位而努力，并积极招收会员⑤。

南大学位的被承认，固然鼓舞了许多毕业生及在学的南大生，研究风气也因70年代成立研究院而急速发展。然而政府对

---

① 1964年，马来西亚联合邦政府发表一份报告，叙述且分析南大学生会如何在共党的操纵下操作的情形，请参阅 *Communism in the Nanyang University* (Kuala Lumpur: The Government Printing Office, 1964)。

② 高德根于1964年7月当选第二届理事会主席，参阅《南洋大学创校十周年纪念特刊》，第23页。

③ 1964年新加坡政府与南大理事会签订协议并发表联合声明，协助南大发展并补助南大经费。1966年实施新学制与新加坡大学一样，采用英联邦体系之学制，大学教育定为三年，外加荣誉学士学位教育一年，参阅《南洋大学创校十周年纪念特刊》，第18、19、129页。1968年5月，新加坡教育部长宣布新加坡正式承认南大所授予的学位，参阅《南洋大学概况，1975—1976》（南洋大学，1975年），第12页。

④ 《南洋大学毕业生协会成立十周年纪念特刊》（新加坡：南洋大学毕业生协会，1975年），第6页。

⑤ 自成立至南大关闭，从数千毕业生中吸取数百人为会员，其中不乏为执政的人民行动党的重要干部，参阅《南洋大学毕业生协会成立十周年纪念特刊》，第8页。

南大的控制通过课程内容、毕业生协会及南大理事会中政府所委派的官方理事，日渐严密。历任校长在理事会、毕业生协会及新加坡政府共同督导下，很难发挥他们的才能，自1969年至1977年的八年之间，南大换了四位校长，有的是被毕业生协会逼走的，有的是被理事会中途撤换的，有的是因新加坡政府干预而被迫离职的。在校政不安定的情形下，仍有许多校友在国外获得博士和硕士学位之后返回他们的母校服务，企图以他们的学识及努力，促进南大在星马社会的稳固地位[①]。

最初，南大是以华语文作为主要教学媒介，学生也主要来自华文中学，在政府辅导及毕业生协会鼓吹下，英语的应用在南大逐渐增多，为了平衡华、英文的势力，许多南大校友主张英文中学的历史和地理等教程以华语作为教学媒介[②]。1965年新加坡与马来西亚联合邦分离而独立后，宪法虽然规定英、华、巫、印同为官方语言，但政府官员的选拔及升迁却以英语为主，逐渐造成南大毕业生就业上的困难，南大学生的英文程度之提高成为各方注目的焦点。在这种压力下，南大自1971年开始在一些研讨会上采用英语为媒介，一些教学人员也改以英语讲授课程。这种现象，引起了许多星马华族人士的怀疑，怀疑南大是否将变成一所英文大学。一向主张提高南大学生英文程度的毕业生协会也发表声明，认为发扬民族教育文化，促进各民族文化的交流为南大的不二使命。不论谁主持南大，南大的这种使命是不容被误导和改变的[③]。

[①] 《燎原报》（南洋大学毕业生协会机关报），第二卷第三期，1974年9月30日。
[②] 《燎原报》第四号，1966年3月15日。
[③] 1934年设置语言中心，加强英语教学。大一英文为全校一年级共同必修科，后又增大二英文为各系选修科，见《南洋大学创校十周年纪念特刊》，第128页；《燎原报》第十四号，1971年3月28日。

2. 南大的改革

　　1974年8月,新加坡的教育部长李昭铭,在南大的毕业典礼上,发表了一篇有关南大将来需要如何发展的演讲,他希望南大发展为一所"全国性"的高等学府,并指出新加坡的中、小学的课程已逐渐改为华英两种语言并用,而马来亚的华校生又因种种限制而无法进入南大,因此,今后南大的招生与授课媒介,需作相当大的调整,以应付新的局面。半年后,李昭铭被任命为南大校长[①],毕业生协会在领悟新加坡政府的明确政策后,对李昭铭的政策性演讲及出掌南大,表示支持,并认为这"两种语文"并用的政策,将使南大既不会变质,又能配合国家发展的需要[②]。然而,李昭铭就任后大力整顿,积极推行英语教学,除中文系课程及历史系中有关中国史的课程外,全部改为英语讲授[③],并将刚由学分制改成学科制又改为以学院为主而无系别之分的新学科制,使南大在1975年时竟有三种不同的学制并存。为了抵制华文从南大根本消失的政策,南大毕业生协会鼓起勇气指责李昭铭,在9月间先后发表《南大中英文并重并用始符国家教育政策》及《南大不能作为试验学制场所》等两篇声明,以期挽回颓势,在声明中并引用新加坡总理李光耀在五年前的政策性讲词,说明两种语文的学习,必须在小学就

[①] 《燎原报》第二卷第三期,1974年9月30日。
[②] 《燎原报》第二卷第四期,1975年3月20日。
[③] 李昭铭就任南大校长后,便将原已印就中英对照的《南洋大学概况》重印为以英语为主的内容,并对南大课程、学制作大规模的改变,参阅《南洋大学概况,1975—1976》。

开始，而不是在大学才开始①。

1977年8月，南大理事会宣布停止校长的职务，成立一个四人特别委员会，负责处理南大的新发展②。旋借调社会事务部常务次长兼邮政储蓄银行董事长陈祝强为秘书长，掌管行政。南大理事会并宣布调整南大现有课程，完全采用新加坡大学的现有科目，并表示愿与新大联合共同上课、共同考试，以提高南大学生的英文水准，以期将南大发展成为"新加坡大学的平等伙伴"③。

1978年2月，李光耀在南大历史学会以"两种语言政策与高等教育"为题，强调一个能干的人必能掌握中英文两种语言，同时明白表示，新加坡应保留新大及南大两间大学，以便彼此竞争，相辅相成。然而，为着使以华文为主的南大学生能常用英文，必须将南大学生"浸入"新大，使他们生活在英语环境里④。这种建议，立即获得南大当局的答应⑤。毕业生协会也在3月7日表示支持南大与新大设立联合校园的措施⑥，同时认为联合校园的成立，一方面可使南大继续存在，另一方面可促使新大与南大两间大学有进一步的协调与合作，有助于新加坡的高等教育之发展⑦。

---

① 两篇声明之全文，参阅《南洋大学毕业生协会成立十周年纪念特刊》，第38、39页。至于李光耀之演讲全词，参阅《星洲日报》1970年8月19日。有关南大课程及学制，参阅《南洋大学概况，1974—1975》（新加坡：南洋大学，1974）；《南洋大学概况1975—1976》。
② 南大理事会的声明全文，参阅《星洲日报》1977年8月19日。
③ 《南洋商报》及《星洲日报》1977年12月19日。
④ 李氏之演讲词全文，参阅《南洋商报》及《星洲日报》1978年2月11日。
⑤ 《南洋商报》及《星洲日报》1978年2月12日。
⑥ 《星洲日报》1978年3月。
⑦ 《燎原报》第三卷第四期，1978年12月。

3. 南大与新大的合并

两年后，李光耀更进一步指出，申请入学南大的学生越来越少，教学人员也短缺，新大与南大合并为国立新加坡大学始能符合新加坡的国家利益。李的辩证乃根据华文源流高中毕业生申请新大和南大的人数作成，1975年以前，绝大多数的华校毕业生以南大为第一志愿，以后以南大为第一志愿的华校毕业生越来越少。同时南大的教学人员也日益减少[①]。对李的政策，毕业生协会这一次采取比较保留的态度，希望新大与南大合并后，仍保留两个校园，在南大旧校园保留一些学系，以便与新大校园的其他学习相辅相成。南大理事会主席黄祖耀也表示新加坡需要且有资力去维持两间互相竞争又相辅的大学，黄氏指出，南大是新加坡以及本地区各阶层人民出钱出力辛辛苦苦建立起来的，南大理事会对南大创办人负有责任，以不遗余力去确保南大在新加坡高等教育及国家发展中，继续扮演具有重要贡献的角色[②]。舆论界对新大与南大的合并，很少明显的表示，四家中文报纸中，《南洋商报》虽表示支持合并，但主张新的国立大学需有两个校园，《星洲日报》除报道李的政策声明外，只呼吁社会以冷静客观的态度来解决这个难题，另两家中文报纸不做任何表示[③]。

十天后，黄氏更进一步提出南大可继续存在的看法，黄氏建议南大恢复采用美国大学制度，并跟一间有名的美国大学建

---

① 《南洋商报》1980年3月11日。
② 《南洋商报》、《星洲日报》、*The Straits Times*，1980年3月11日。
③ *The Straits Times*, March 11, 1980.

立联系。如果这个方案行不通，他再建议新加坡不必拥有两间互相竞争的大学，而是拥有两间相辅的大学，把目前各学院及学系分配在新大和南大开办。如果政府对上述两项建议都拒绝，南大才与新大合并。倘要合并，仍应把各主要学系或学院安置于南大校园。黄氏的见解，立即获得三位在华人社会具有深厚影响的南大理事的支持，他们都认为新加坡应拥有两间相互竞争和相辅相成的大学，同时他们也公开表示，南大的改组，必须在政府的大力支持下，才能够成功，否则，不必去尝试[①]。

3月12日，新加坡政府透露了英国教育家丹顿爵士（Sir Frederick Sydney Dainton）于1979年10月间在新加坡作实地访问后作的教育报告书，这个在新加坡听取了总理首席秘书的简报后，在星洲只停留了三天的英国爵士，建议南大与新大合并。丹顿认为，新加坡的大学生总数不及一万，不必有两间大学，会形成学科的重复与浪费[②]。丹顿的报告，被南大的教学人员认为草率而不了解实情[③]。

南大与新大合并的建议，引起星马华人社会的关切，在马来西亚的华人社团及南大校友，大多数反对合并而建议南大继续维持独立，以便南大与新大成为相辅相成的两间大学[④]。南大学生会在召开紧急大会后，发表声明，指丹顿报告书不能令人心服，并肯定南大继续成为一间独立大学的价值[⑤]。一向支持政府的毕业生协会，也因大多数会员反对丹顿的"一间大学，一

---

① 《南洋商报》及《星洲日报》1980年3月25日。
② 丹顿爵士的调查报告，参阅《星洲日报》及 The Sunday Times（The Straits Times 的星期日刊），1980年3月16日。
③ 南洋大学研究院院长吴德耀公开表示丹顿报告不符实情，吴氏之言论获得南大教学人员的广泛支持。
④ 《星洲日报》及 The Straits Times，1980年3月26日。
⑤ 《星洲日报》1980年4月4日。

个校园"的建议①,以致在常年大会中由于出席者不足法定人数而宣告流会②。马来西亚华校教师总会主席一面称赞李光耀为高明的政治家,另一方面也指出南大的根本问题所在:"只要李总理愿意,他可以扭转新加坡讲英语的环境成为讲华语的环境,也可对症下药,把南大救活过来。"③

李光耀在否决了黄氏的建议后,对反对合并的南大理事提出警告,"如不彻底脱离过去,南大没有可能得到挽救",而"设立南大理工学院的建议是保存南大名字最好方法"④,李氏在他的公开警告里,附了一份新加坡政府公共服务委员会的报告,在这份报告中,公共服务委员会列举了十位申请政府工作的南大毕业生的中学成绩,以及他们在南大的成绩。这十位南大毕业生都是中学时成绩平平而在南大时成绩非常优异的。公共服务委员会因而非常怀疑南大教授的评分标准,而以讽刺的口吻表示他们对这批学生"能够施催眠术而获得高分感到迷惑"⑤。在从根本上否定了南大的学术水准后,李氏再建议新大与南大合并,并在南大旧址成立一间理工学院。到1992年时,这间理工学院将升格为南洋理工大学⑥。李氏并在他致南大秘书长的信中举例说明,即使中文系的程度,也是新大比南大高,因此南大最好接受他的合并建议。虽然他的例子,被人指出是种歪曲的误解⑦。

---

① 《星洲日报》1980年4月5日。
② 《南洋商报》1980年4月14日。
③ 《星洲日报》1980年4月15日。
④ 《南洋商报》1980年4月3日。
⑤ 《南洋商报》1980年4月3日。
⑥ 《南洋商报》1980年4月4日。
⑦ 李氏致南大秘书长之公开信全文,参阅 *The Straits Times*, April 4, 1980. 至于对李氏所举例子的反驳,参阅 *The Straits Times*, April 10, 1980 之读者投书。

经过两天的讨论，南大理事会在 4 月 6 日正式发表声明①，表示接受南大跟新大合并，成为新加坡国立大学，而在南大校园将设南洋理工学院，这间学校将与新加坡大学的工学院保持联系，并将成为在 1992 年之前所建立的"南洋理工大学"的核心。南大理事会的决定，获得一些民间团体的支持，他们都认为南大既然在师资及学生方面都出了偏差，及时而彻底的改革乃为必要。但也有一些高等知识分子反对，他们认为合并并非唯一挽救南大的最好办法，南大所遭遇的困难，多数责任不在南大本身，乃是偏见加上社会客观环境的改变所造成，所以，政府应该大力援救南大才对②。许多南大毕业生对这项合并计划感到悲伤，他们甚至怀疑政府将在 1992 年成立南洋理工大学的诚意③。4 月 11 日，李光耀函复南大理事会，同意在国大的全名中清楚地说明原来两间大学的名称。新加坡大学的历史比南洋大学久，规模也比较大，因此，李建议国立大学的全名是"新加坡国立大学（由新加坡大学及南洋大学合并而成）"，英文名称是：The National University of Singapore（Incorporating University of Singapore and Nanyang University），并宣布新加坡国立大学将在 7 月成立④。5 月 30 日，新加坡政府任命教育部高级政务部长陈庆炎为首任国大校长，李氏除称赞陈的才干外，并说陈为一了解他心意的人⑤。

---

① 南大理事会声明全文，参阅《星洲日报》1980 年 4 月 6 日。南大理事会之所以接受合并建议，乃基于其他选择无法获得新加坡政府的支持，参阅 The Straits Times, April 5, 1980。

② 各方之反应，参阅《南洋商报》、《星洲日报》、The Straits Times, 1980 年 4 月 6 日至 12 日。

③ 《星洲日报》1980 年 4 月 9 日。

④ 《南洋商报》、《星洲日报》、The Straits Times, 1980 年 4 月 13 日。

⑤ The Straits Times, May 30, 1980.

1980年7月，新加坡国立大学正式上课，所有南大及新大的师生大都并入了这个新成立大学的系统，除了教职员宿舍住有原南大的教职员外，整个南大校园以整修内部而荒废，不少原新大的人士，戏称南大校园为鬼域[1]。大体说来，整个华人社团以相当平静的心情接受这个变化，虽然不少中下阶层的华人对这种现象感到困惑，因为正当新加坡政府大力推动"讲华语运动"时，却关闭了南大[2]。10月间，新加坡国立大学的理事会正式成立，原南大理事中，三位当初反对与新大合并的理事，都被任命为新成立大学的理事[3]。

4. 讨论

在英属马来亚殖民地政府的反对下，在这个地区的华族社会为使他们的子弟能有机会接受高等的华文教育而创办了南洋大学。南大的设立，反映出华族社会传统上对教育的重视，而创办之初，强调华族文化的发展与采用华文为讲授媒介，也显示当时星马华人社会中，对中华文化具有相当程度的认同，在当时的华人社会中的势力，也必相当强大，以致能排除殖民地政府的阻挠而开办南洋大学。而殖民地政府在南大创立之初，发表打击南大学术地位的调查报告，并没有引起星马华人对南大的轻视，反而引起同情与支持，南大基金的筹募，获得广大民众的响应。上至富商巨贾，下至贩夫走卒，都曾以财力和劳力参与南大的兴办。星马华人对中华文化的认同感，在这段时

---

[1] 新大许多教学人员，包括黄麟根教授都曾如此表示。
[2] 新加坡的"讲华语运动"，是1978年2月开始推行的。在南洋大学校园所在之裕廊镇，许多居民都不了解新加坡政府为什么将讲华语的大学改为讲英语。
[3] *The NUS Campus News*（新加坡国立大学校刊），No. 2, October 1980.

期，似乎与他们的政治认同，没有什么冲突。事实上，在第二次世界大战期间，星马华人的政治意识，曾因战争的刺激而成长①。战争结束后，由于星马仍未独立，华人的政治认同与英属马来亚殖民地政府仍难挂钩，因而他们的政治意识的成长，有助于他们对华族文化上的认同，以致他们的政治意识与对华族文化的认同，有相当程度的结合与重叠。新加坡的华人政治领袖，在他们完全掌握政权以前，对这种混有华族民族意识的文化认同，也不曾或不愿加以干涉，1959年新加坡获得独立，这些华人政治领袖便开始指责华族沙文主义，在新加坡完全脱离英国统治而与马来亚联合邦组成马来西亚联合邦后（1963年），他们便进一步企图消除新加坡华人对中国的政治意识上的认同。可能由于星马华人的政治认同与文化认同具有长久的历史渊源，而华文教育又与这种混合性的意识上的认同不可分割②，因此，新加坡政府的华人政治领袖对身为新加坡华文最高学府的南大，亟欲将其置于控制之下，以便彻底消除华人对中华民族的民族意识与对华族文化的文化认同。1965年，在新加坡被迫退出马来西亚联合邦后，在回教国家环伺之下，处境困难，印尼的激烈排华与马来西亚对华族的不公平待遇，固然可能激发新加坡华族对居住在邻国的华族同胞的同情心，但在新加坡华族政治领袖眼中，这些反华的现实环境，不可避免地提醒他们，如果

---

① 有关八年抗战期间星马华人政治意识的成长，参阅 Pang Wing Seng, "The 'Double-Seventh' Incident, 1937: Singapore Chinese Response to the Outbreak of the Sino-Japanese War," pp. 269 – 299; Yoji Akashi, *The Nanyang Chinese National Salvation Movement, 1937 – 1941*; 许秀聪，《星马华族对日本的经济制裁（1937—42）》，收入柯木林、吴振强编《新加坡华族史论集》，第133—158页。

② 前英属马来亚官员巴素认为中国出版的教科书以及在中国出生的华校教师常培养出认同于"中国"，自认为"中国人"的学生。参阅 Victor Purcell, *The Chinese in Malaya*; Lee Ah Chai, "Policies and Politics in Chinese Schools in the Straits Settlements and the Federated Malay States, 1986 – 1941"。

要在反华的伊斯兰教社会中生存，必须尽可能在新加坡消除激烈的华族政治意识，尤其要避免被邻国视作"第三中国"。虽然华人在新加坡占有75%的多数，但在印尼、马来西亚及新加坡构成的大区域中，却是少数民族，而与新加坡为邻的印尼及马来西亚，对新加坡的政治、社会或文化的发展，又采取一种几近监视的眼光，唯恐新加坡华人的"种族沙文主义"引发它们境内的华人少数民族对当地政府的不满。可能是为了生存与发展，新加坡的政治领袖一再强调新加坡是个多元种族的国家，而新加坡的人民是新加坡人而非"中国人"。同时，他们也努力发展一种以新加坡为中心的文化与政治意识，力斥以新加坡当作"第三中国"的论调，甚至谴责这种论调是危害新加坡生存的政治阴谋[1]。这种国际现实环境的考虑，或许是新加坡政治领袖努力建设新加坡为"一个多元种族社会"的重要动力。

由于在第二次世界大战期间，星马人民的反日行动与星马华人的华人政治意识的成长相联结，星马抗日义勇军的成员几乎全是华人，华语也成为抗日分子的共同语言[2]。战争期间的反日活动，由于受到左派的影响，导致战后不少星马华人的政治意识的"左"倾而由抗日军衍生的马来亚共产党军队，进一步令不少当地的反共政治领袖，认为华文教育本身不但促进星马

---

[1] 为了加深外国视新加坡为一多元种族国家的印象，新加坡政府总是安排一位非华族的人士担任总统的职务，而新加坡航空公司的空中小姐，也以穿着色彩鲜艳的马来女装出现在旅客面前或电视荧幕上。此外，有识之士，更指出华族沙文主义足以破坏新加坡内部的团结并引起华族与马来族之间的冲突。参阅《燎原报》第二号，1966年7月2日，以及 Foo Kim Leng, "The 1964 Singapore Riots" (Singapore: National University of Singapore, B. A. Honours Thesis, 1980)。

[2] 详情参阅 Yoji Akashi, *The Nanyang Chinese National Salvation Movement, 1937 – 1941*；陈烈甫《东南亚洲的华侨、华人与华裔》，正中书局1979年版，第554—555页。

华人对中国产生政治认同，且易产生共产主义思想①。他们的这种推论，虽然在理论上，很难具有说服力，但1949年中华人民共和国成立后，他们遂宣称华侨为原乡中国的渗透工具②，因而指星马的华文教育与当地社会利益有所冲突。

在不少当地政治领袖对华文教育心存猜忌之时，身为星马地区华文教育最高学府的南洋大学，的确有不少左派学生，这些学生通过党团作用，控制了南大的学生会。在学生会领导下，南大学生曾一再与马来西亚政府及日后的新加坡政府发生冲突③。虽然在政府的镇压之下，"左"倾分子逐渐被清除，而南大的行政当局也在毕业生协会及新加坡教育部的监督下，采取符合当地改变中的客观情势的政策——加强英文的教育及强调新加坡为当地华人的祖国等观念④，但在对南大已有偏见的人士眼中，南大的改变，只是南大生存的权宜之计，华文教育培养对中国的政治认同与南大为"左"倾分子活动温床的看法，在新加坡的教育决策者中，仍旧流行⑤。为了消除因华文教育而带

---

① 有关马来亚共产党的产生与发展，参阅 Lee Ting Hui, *The Communist Organization in Singapore*, 1948-66 (Singapore: Institute of Southeast Asian Studies, 1976)，第一章；Gene Hanrahan, *The Communist Struggle in Malaya*. 至于有关第二次世界大战结束后，星马华人政治意识的发展，参阅崔贵强《星马华人政治认同的转变（1945—1957）》，《南洋学报》第三十二卷，第一、二期（1977），第53—63页。

② Lee Ting Hui, *The Communist Organization in Singapore*，第二、五章。

③ 详情参阅 *Communism in the Nanyang University*，第三章，以及 C. V. Devan Nair ed., *Socialism that Works* (Singapore: Federal Publications, 1976)，第二、三章。

④ 南洋大学运动场旁之石塑标语，原为"锻炼体魄，献身祖国"，后因祖国有被人误为中国之嫌，改为献身"'建国'"。南大校园内之路名，原有新疆路、重庆路等，亦分别改为儒林路、南洋路等。

⑤ 《星洲日报》曾详细评述当时华教所遭遇的困难："政府于华校的看法……因少数学生之误入歧途，华校成为替罪羔羊，恍惚凡是华校，都有不稳倾向，凡是华校学生，个个都成了思想罪犯……"见《星洲日报》1945年8月8日。70年代，新加坡的副总理拉惹那南（Sinnathamby Rajaratnam）及新加坡大学校长关世强据云亦在私下一再表示这种看法。

来的政治困扰,新加坡政府对华文学校作政策上的压制,例如,在重要公共场所只有英文标识与说明、政府的公文以英文为工作语文、公务员的选拔以英语为之。在这种偏重英语的政策诱导下,华文中小学的学生人数日渐减少,终至完全消失,使新加坡成为一个以英语为主的国家①。

当南大尚在筹备设立阶段,英殖民地政府百般阻挠,在政策上,不准立案、不承认南洋大学的学位;在教育上,发表对南大学术水准表示怀疑的报告书,并在马来亚大学新加坡分校(日后的新加坡大学)设立中文系,企图减除星马一带华文源流中学毕业生想攻读华文大学的愿望。然而,星马的华人社团,却坚决的支持南大的创立,新加坡福建会馆献赠广达523英亩的土地当作校园,各建筑厂商于低价投标外,并减收费用,使得校舍能迅速建立②。二十五年后,新加坡已是个以华人为多数民族的独立国家,当政者亦大多为华人,当这个华人为主的政府先以提高南大学生的英语能力而将南大的教学媒介由华文改为英文时,新加坡的华人社团并未表示抗议。当新加坡政府进一步建议南大将学生拨入新大校院而与新大成立联合校园时,南大毕业生及一般民众也表示支持这项决定。经过两年多的联合上课,新加坡政府以南大的教师及学生在素质上都不够良好,而采用英国教育家丹顿的调查报告书,"建议"南大与新大合并而成立新加坡国立大学。这个建议在少数南大理事反对,一

---

① 1956年,新加坡小学一年级的入学新生,华校为30164人,而英校为25073人,到1966年,华校降为20011人,而英校升至34827人。详情参阅 Gwee Yee Hean, "Chinese Education in Singapore," pp. 100 – 127。华校学生数目减少主要原因,乃因新加坡政府偏重英语教育之故,参阅丁莉英《新加坡华校课程及教科书的演进初探(1951—1972)》,第二章。据《中国时报》1984年2月20日报道,新加坡华文小学的一年级新生自1981年起锐减,1987年起,所有华文学校将不再存在。

② 《南洋大学创校十周年纪念特刊》,第14页。

些南大毕业生的不满声中，由南大理事会正式接受，这个决定得到南大毕业的国会议员的公开支持。新加坡华人对南大的建立与消失，表现出这两种相差甚大的反应，为什么有这种差异呢？

首先，我认为南大的创立与消失，是在两种极端不同的客观环境下发生的，当南大创办时，东南亚的华人，尤其星、马的华人，经过第二次世界大战期间的日人压制，战争期间反日运动的刺激，产生了强烈的政治意识，战后殖民地政府未能迅速将政权转移给当地人士，形成殖民地政府与当地人的尖锐冲突，使得根本就与政治意识有重叠的华人文化认同，产生急速的发展，而要求设立华人的高等学府——南洋大学。殖民地政府对南大建立的阻挠，更引起华人社会的反动，以致南洋大学在星马华人的支持下，能顺利建立。然而，在二十五年后，星、马已分别独立，居住在这些地区的华人分别获得居住国的公民身份。在马来西亚，他们虽仍不免受到排挤，但比在殖民地时代，政治地位已有了相当的改进；在新加坡的华人，更因新加坡是个华人占多数的国家，因而享有完全的公民权。由于由中国大陆移民星马之门的关闭，经过近三十年的演变，使原来以由中国第一代移民占多数的情势完全改变；第二、三代华裔数目逐渐超过第一代的移民，星马地区不再是华人侨居之地，而是他们的出生地与故乡。

对星、马华人来说，中国大陆曾是他们心目中的故乡，虽然19世纪以来，能够衣锦还乡的人总是少数，但从中国大陆连绵不断的移民，以及由中国出版的华文中、小学教科书，一再提醒他们是寄居性质的移民，也增加他们对殖民地政府不满的容忍度。中华人民共和国成立时，适值西方世界采取坚决反共的时期。星马殖民地政府不但完全切断星、马地区与原乡中国的移民联系，也禁绝了由中国大陆出版之教科书的供应①，使以往培养星、马华人对中国产生文化认同与政治认同的动力逐渐消失。马共虽吸引了一部分星马华人的支持，但也使一般以工商为主的星马华人产生恐共症。中华人民共和国的成立，反而加速切断了星马政府与原乡中国之间的政治联系，粉碎了星马华人可能返回原乡家园的美梦。而星马的获得自治以及终成为独立的国家，更助长了以星马为本思想的兴起与发展，这种客观环境与主观情感的逐渐改变，削弱了支持南洋大学发展甚至生存的力量。因此，当新加坡一步步迫使南大臣服于新加坡大学而实际上将南大并入新大时，星马华人的反对声音是相当的微弱。

在南大与新大合并的过程中，在态度与行动上，星马两地的华人仍显露出相当的不同。在新加坡，除少数南大理事表示反对外，整个华人社团表示支持政府的决定，具有政治影响力的毕业生协会也只能以出席者不足法定人数而流会来表示不满，而没有决议案的宣布②。其他社团、大众传播媒介，几乎都是一面倒的支持政府的决策。在马来西亚，由于南大毕业生的鼓吹，出现了不少反对南大并入新大的言论与行动。位于马来西亚首都吉隆坡的雪兰莪州中华总商会便曾以断绝贸易来威胁南大理

---

① 南大创办时，印尼华人亦曾做出相当大的贡献，但自1965年苏加诺下台后，印尼之排华政策转趋激烈，华文教育已在印尼逐渐消失。详情参阅廖建裕《印尼华人的过去、现在与将来》，收入崔贵强、古鸿廷编《东南亚华人问题之研究》，第160—167页；廖建裕著，谢国泉译《印尼华人的教育——过去与现在》，《南洋学报》第三十一卷第一、二期（1977），第41—59页。

② 1953年，在星马的中华、商务、上海、世界、南洋等五家书店联合出版适合星马地区华文学校采用的课本，这些课本的内容，"尽量采用星马生活环境习见之事物为材料"。参阅丁莉英《新加坡华校课程及教科书的演进初探（1951—1972）》，第三章。

事主席黄祖耀①。然而，由于马来西亚版的华文报纸无法在新加坡出售②，马来西亚华人社团的反对声音，传到新加坡时变成相当微弱而无法激起共鸣，而他们的经济压力，也因新加坡政府的干预而解除③。

此外，星马华人社团，尤其新加坡的华人，在南洋大学与新加坡大学合并时并未发生激烈的反对声音与行动，很可能是因为李光耀的政府采取一种非常有技巧的手法去处理这件事。首先，新加坡政府以英文为官方语言（并在华文中、小学中强调第二语言——英语的重要性），再透过南大毕业生协会鼓吹英语在大学教育中的地位，但并不提倡以英语代替华文，新加坡政府甚至公开表示绝不改变南大以华文为教学媒介的现状。等到人民行动党执政十多年后，华文中、小学校学生人数日渐减少，英文已成为知识界的主要语言，英语也渐在新加坡广泛应用，新加坡政府再在南洋大学全力推动英语的使用。虽然在名义上是两种语言并重，但由于南大学生原以华文中学毕业生为主要来源，教学媒介也是华文，两种语文并重的政策事实上是要求南大教学人员改以英语为教学媒介。等南大理事会及师生接收英语代替华语为学校的通用语言后，李光耀进一步表示，语文的学习需要学习的环境，必须让南大师生"浸入"于以英语为主的新大校园，因而建议成立联合校园，新大、南大学生一起上课，接受相同的教导，生活在一起。虽然事实上是南大

---

① 虽然不少毕业生协会的会员私下表示反对南大与新大合并，但他们在公共场合都不愿表示意见。

② 星马分治后：《星洲日报》及《南洋商报》两大报纸，限于当地法令，报纸无法越境流通，分别发行新加坡版及马来西亚版。马来西亚版的报纸只能在大学的图书馆中看到。

③ 南洋大学理事主席黄祖耀为新加坡大华银行董事长，大华银行与马来西亚华人社会有密切的商业关系。传闻黄氏曾私下表示，他只是个商人，既不懂教育也不懂政治，他对南大的政策，完全听命于新加坡政府，而新加坡政府曾数次协助大华银行渡过财政难关。

师生到新大的校园内上课，但却以"联合校园"名之，并宣布一俟"浸入"计划成功，南大师生将返回南大校园，南大的独立是不容置疑的。李甚至一再强调新加坡须有两间大学，如同英国的牛津、剑桥一般，以便两者可互相竞争、相辅相成。南大师生以及一些支持南大维持独立地位之人士，虽然对"联合校园"的建议有些怀疑其可行性，但因有李氏的明确表示维持两个大学的公开声明，而未反对联合校园的实施。两年后，当名为南大学生却从未到南大校园上课的学生成为南大学生团体的主要成员时，李氏进一步以一份学生意见调查结果当作证据，宣布在联合校园的南大学生不愿返回南大校园，同时指责南大教学人员学术水准不够高，不能吸引足够的高中毕业生进入南大。因而李氏建议南大与新大合并，并将新成立的大学的全名定为新加坡国立大学——由新加坡大学及南洋大学合并而成。这种将南洋大学原名放入新的大学的手法，在情感上满足了新加坡华人社会中坚持保存南洋大学名字的人士。新加坡政府在李氏的领导下，缓慢却坚定地逐步打击南大，使得南大师生及支持南大继续维持独立的人士在不知不觉中失去了主动而无法作强烈的反对。

5. 结语

笔者认为李氏熟练的政治手段与缓进的策略，实为新加坡政府能在客观社会环境改变后，将新加坡华人社会对中国政治与文化认同作一根本转变的重要因素。这种转变，旨在建立一种以新加坡为政治效忠对象与文化认同的意识，由于南洋大学在建立新加坡的自我肯定过程中，被李光耀及其人民行动党政府视为阻碍，南洋大学的消失，毋宁说是人民行动党再为新加坡华人建立"新加坡人"这个新观念过程中的一种必然结果。新加坡华人社会对中国的政治与文化上的认同，因客观环境的变迁在 1980 年时已相当薄弱，而新加坡政府的稳定而缓慢的步骤，便很技巧地将这种已变得脆弱的认同意识加以摧毁。

九　新加坡华人政治意识成长之探讨

1. 前言

中国人向海外发展的历史，可以说是非常长久的。可是，由于一般人乡土观念的浓厚，以及法律上的限制，在19世纪中叶以前，很少有中国人在海外落户生根的。即使有少数人因主观或客观条件，而在海外长期定居，他们在当时的社会中，以及在中国的法律上，是被看作"流寓者"。这种客居海外的人，可说是种被社会所忽视，又被法律所不承认的"非法移民"[①]。1858年及1860年的两次英法联军之役，战败的清廷，被迫在和约中，废除了海禁的法律，正式允许了中国人前往海外工作；

[①] 华人早期移居海外，即使"流连不归"，政府并不承认其为合法之移民，一旦违背海禁命令，就禁止其再回国，参阅王赓武《华人、华侨与东南亚史》，收入崔贵强、古鸿廷编《东南亚华人问题之研究》，第27—32页。明清时期之严格执行海禁政策，似与沿海海盗活动有密切关系，为了打击海盗，政府一面加强督修沿海碉堡炮台，另一面推行保甲、渔甲等基层组织，加强管制沿海地区人口之移动，参阅张中训《清嘉庆年间闽浙海盗组织研究》；朱德兰《清初迁界令时中国船海上贸易之研究》。以上两文收入中国海洋发展史编辑委员会《中国海洋发展史论文集》第二辑，"中央"研究院"三民主义"研究所1986年版，第39—58、105—160页。

以往生活在海外的"流寓者",才不再被视作罪犯,而容许回国①。

当然,远在清廷开放海禁以前,就有不少人前往新加坡。据说,在 1819 年莱佛士登陆新加坡时,便有中国人随从前往,而在当时的新加坡岛上,原有的五百多居民中,也已有中国人②。开埠后,华南地区,尤其闽南一带地方,有不少人相继涌进这个号称"狮城"的新加坡岛。根据 1823 年的一项人口统计,在新加坡当时的 10683 人中,有华侨 3317 人③。事实上,自从 1860 年起,从中国移来的人,已成为这个岛上的多数居民,中国侨民也就成为岛上的多数民族④。而来自福建的中国人,因注重贸易及制造业,而逐渐主宰新加坡华侨社会的工商

---

① 康熙五十六年严禁国人移居海外,曾有"凡出洋久留者,行文外国解回正法"之命令,雍正六年更有"偷往异国之人、不准回籍"的上谕。虽然英法联军之战役后,清廷于《天津条约》内准许华工出洋,但一般官吏对从国外回国之人,仍百般压榨、刁难。清出使英、法、意、比国大臣薛福成,曾于光绪十九年七月奏请明令废除海禁旧例,详情参阅蒋良骐、王先谦编《十二朝东华录》,光绪十九年七月己丑,文海出版社 1963 年版,第 3222 页。

② 1818 年,英属东印度公司委派莱佛士(Stamford Raffles)在马六甲海峡东边开辟贸易站,次年 1 月,莱佛士率一拥有七艘船之船队占领新加坡,华籍木匠曹阿志及 20 名士兵首先登陆,占领之初,新加坡岛当时只有岛民五百多人,包括马来人与少数华人。见方显《星马史》,新加坡世界书局 1970 年版,第 108—111 页。

③ 据莱佛士本人之报告,新加坡开埠半年之内,人口便急速成长到五千多人,大部分是华人。[英]巴素:《东南亚之华侨》,郭湘章译,第 445 页。

④ [英]巴素:《东南亚之华侨》,郭湘章译,第 451 页。到 1931 年时,新加坡岛上的人口增加到 567453 人,而其中 421821 为华人。

附表一　　　　　　　　　　新加坡之人口

	1931 年	1937 年	1939 年
总人口	567453	659597	738559
中国人	421821	498594	569280

资料来源:星洲日报社编《星洲十年(政治、市政)》,文海出版社 1977 年版,第 14 页。

发展①。

在这个岛上的中国人，依他们的出生地，分为"侨生"与"新客"，侨生是指那些当地出生的"中国人"，而新客则为从中国移入新加坡的第一代居民。中国人与当地土著所生的混血儿，各地名称不同，在菲律宾称为 Mestizo，法属印度支那为 Minh-huong（明乡），荷属东印度群岛为 Peranakan，马来亚为 Baba，在马六甲、槟城及新加坡等三个英属海峡殖民地的则通称为海峡侨生②。不少侨生对当地政治，具有浓厚的兴趣，而对中国没有什么情感，然而，由于中国的国籍法，一向采取属人主义，这些出生在海外的中国人的后裔，在中国的法律看来，他们仍然是"中国人"③。而一些"新客"则关怀中国的政治发展，其中许多人且将其前途，在情感及信念上，与中国的命运相联结，他们甚至参加中国的民族主义革命。然而，大体而言，早期移民或定居于新加坡的华人，不论新客或侨生，对政治多半相当冷漠。

自从莱佛士开埠以后，由于新加坡具有良好的天然港口，地理位置适中，很快地就发展成为这个地区的转口贸易中心。

---

① 来自福建南部的移民，虽然在 1847 年时，只占华族人口的 1/4，但因其人口中，从事贸易者几达半数，因而在新加坡深具影响。参阅 Yen Ching-hwang, "Early Fukianese Migration and Social Organization in Singapore & Malaysia before 1900," in Pin-tsun Chang and Shih-chi Liu, *Essays in Chinese Maritime History*, Vol. 5 (Taipei: Sun Yat-sen Institute for Social Science and Philosophy, Academia Sinica, 1993), pp. 692–693. 而今日新加坡华族社会中，最通行的中国方言为福建话，即闽南语。

② 王赓武：《南洋华人简史》，张奕善译，台北水牛出版社 1967 年版，第 113—114 页。有关马来亚地区之土生华侨，参阅 Tan Chee Beng, *The Baba of Melaka* (Selangor: Pelanduk Publications, 1988)。

③ 由于采取属人主义，中国父母所生之儿女，皆视为具有中国国籍，此种观念与英美之属地主义不同，因而出生于国外之"华人"，多半可具双重国籍之身份，这种规定，在 1992 年时，台湾地区侨选民意代表之国籍问题，一再成为"民进党"与"国民党"间之宣传战中之攻击口号，见《中国时报》1992 年 3 月 18 日至 22 日。

大规模的进出口贸易，需要雄厚的资金，故多半由欧洲人把持，中国侨民则大部分扮演中介商及零售商的角色。只有中国与新加坡之间贸易，才由中国人自己直接经营①。虽然大多数的中国侨民在经济上属于下层的劳工及小贩，也有不少人能进入甚高的专业人士的行列，乃至成为富甲一方的闻人。这些上层人士，大多是"侨生"出身，这些侨生，土生土长，受的又多是英文教育，常常鄙视中国与中国人，而以大英帝国子民自居，以效劳殖民地政府为荣，殖民地政府则利用他们作为统治殖民地的工具。1840年，中英间的鸦片战争爆发，当英军开抵新加坡时，当地华侨并未对这批英军表现出敌视的态度，在英法联军之役时，新加坡之华人甚至表示支持英国的行动。1900年，当英国派兵攻打中国时，新加坡一带的侨生，便曾组织自卫队，声言要协助大英帝国攻打中国②。而一些刚从中国去的第一代移民，只有强烈的家乡观念而缺乏民族意识，只希望劳碌终日、节衣节食后有所积蓄，以备日后衣锦荣归。对当地的政治不愿涉及，对中国本身的政治状况，也因教育水准低，对政治冷漠的传统又深，而不甚感兴趣。③

2. 政治意识的萌芽

新加坡中国侨民这种对政治冷漠的态度，由于教育的逐渐普及，革命党及保皇党重要人物的南来，慢慢地有了转变。随

---

① 英人银行在新加坡具有举足轻重的地位，详情参阅《星洲十年（经济篇）》，文海出版社1977年版，第497—511页。
② 巴素著，郭湘章译：《东南亚之华侨》，第451页。
③ 有关星马之华人，王赓武曾大略地分为三大群体，参阅 Wang Gungwu, "Chinese Politics in Malaya," pp. 5-6。巴素亦对新加坡华侨之生活及其理念，有相当深刻之描述，见[英]巴素：《东南亚之华侨》，郭湘章译，第454—455页。

着移居星马地区华人人数增加，生活条件的改善，新加坡之华侨自19世纪80年代开始，设立了许多学校，培育他们的子女。而英殖民地政府又只注意英语教育，培育一些协助其统治之精英，而对星马地区之中文教育，采取放任的政策，因而，一直到新加坡自治为止，大多数华侨子弟都前往中文学校就读。19世纪时的中文教育，虽只是私塾式的教育，无论课程、教学方法都是相当落后的。然而，即使是这种私塾式的教育，也传播了中华文化，促进了这些远离祖国的人的一些爱国情绪。

孙中山及其支持者，更在新加坡成立支部，孙中山并亲自在新加坡指挥南洋一带的革命活动。为了争取南洋华侨在财政上及政治活动上之支持，孙中山及其同盟会之重要成员，一再前往星马地区，从事各种活动。由于新加坡当时为英属海峡殖民地之首府，又为一华侨人数众多的大城，自然成为革命党之主要活动地方。孙中山及杨衢云于1900年前后前往新加坡，召募革命志士，1905年，孙中山更得张永福及陈楚楠等人之助，其后数年，同盟会支部分布于南洋各地达一百多处。1904年时，革命党人更在新加坡创立《图南日报》，鼓吹革命思想。1907年，革命党人在《图南日报》关闭后，再办《中兴日报》，继续提倡南洋华侨民族意识之兴起与发展[1]。除出版报纸外，革命党人更在星马各地成立许多书报社，这些书报社，一方面固然为星马的中国移民提供了社交活动的场所和知识传播的神经枢纽，另一方面却借着书报聚会与演讲，提高了新加坡

---

[1] 有关新加坡的华文教育，参阅 Gwee Yee Hean, "Chinese Education in Singapore," pp. 100-127. 李庭辉《马来亚华文教育（1894—1911）：早期华校的民族主义》，收入辛亥革命与南洋华人研讨会论文集编辑委员会《辛亥革命与南洋华人论文集》，第87—99页。朱镜宙在其所著之《英属马来半岛》，文海出版社1977年版，第41页，亦述及1930年时之新加坡有华人义勇队之组织，并言"华人入伍时，须对英人立誓，类皆土生，不止中国语言文字，盖数典而忘祖者"。

中国移民的政治意识,吸引不少中国移民对国内政治产生兴趣,乃至为革命出钱出力①。

当孙中山及其革命同志,在星马地区宣传其革命主张之时,以康有为为首的保皇党,亦积极在新加坡等地活动。1905年,革命党人创办之《南洋总汇报》,被保皇党收买后,成为保皇党宣传其改良政治主张的机关报,康、梁之渐进改革政见及设立保皇党分会之活动,获得不少新加坡华人之响应②。

为了抗衡保皇党及革命党在星马一带的影响,清廷逐渐由消极的开放海禁转变到积极的护侨政策,派出不少官吏出洋巡视侨情,由于新加坡位处马六甲海峡末端,为太平洋与印度洋海路通行必经之地,到新加坡访问的清廷官吏络绎不绝,清廷舰队亦曾多次访问新加坡及其他南洋各地去宣慰侨民③。1878年,在驻英大使郭嵩焘的建议下,在新加坡设立了领事馆,并任命一位原籍广东,后南移新加坡的商人胡璇泽为第一位领事,以便就近保护侨民利益。1906年初,在清吏张振勋的催促下,新加坡的侨商领袖集会,成立了新加坡中华商务总会。这个商务总会,日后曾多次领导新加坡中国移民对中国的政治变动,

---

① 有关革命党在南洋之活动及其对政治意识兴起之影响,参阅李国雄《南洋华侨与民族主义之发展(1895—1911)》、崔贵强《中兴日报:新加坡同盟会的喉舌(1907—1910)》;有关孙中山及其领导之革命党在新加坡及其他南洋地区的活动,参阅刘世昌《中山先生与南洋》、程光裕《林义顺的革命志业》、吕芳上《邓泽如与辛亥革命》。上述五文皆收入辛亥革命与南洋华人研讨会论文集编辑委员会编《辛亥革命与南洋华人研讨会论文集》,第47—64、74—86、122—132、133—154、340—359页。

② 保皇党首领康有为于戊戌政变后,前往马来亚地区,鼓吹保皇思想,康自称"帝师",在尊君之传统思想浓厚之华侨社会,自然获得不少侨胞的支持,新加坡的林文庆及邱菽园甚至发行刊物鼓吹康有为之思想。参阅李庭辉《马来亚华文教育(1894—1911):早期华校的民族主义》,第96页。保皇党又称为改革派或立宪派。

③ 1866年,第一个半官方的访问团在欧洲考察风俗时,路经新加坡,此后不少清廷官吏先后访问新加坡,有关此方面的讨论,参阅崔贵强《晚清官吏访问新加坡》,第15—29页。

发出强烈的反响，表示出海外侨民对祖国政局的关怀①。

在清廷、保皇党与革命运动三个势力冲击下，新加坡的侨民对祖国政治的冷漠逐渐消除，虽然在侨民之中，有拥护清廷的，也有支持康梁改革派的，但也有参加革命阵营的。一般说来，由于革命运动在当时是被看作大逆不道的造反行动，革命口号中的"驱除鞑虏"固可激发汉人的一些民族情感，但"平均地权"却令不少上层侨民心生恐惧。因而，在新加坡的中国移民中，革命党多半只能争取到中下层的支持，上层人士即使不拥护清廷，也多半倾向改革派。新加坡华侨社会中，仍旧有"士农工商"的传统社会地位的观念，对以"帝师"身份前来的康有为及其从人，当然远较对"无功名"的造反者来得尊敬。上层人士对仍掌握政权的清廷，当然仍是重视，为争取新加坡华族社会的效忠，清廷派出更多的官员南来活动，并吸引新加坡华侨之富有人士以"捐官"方式，表示他们对清廷的效忠，清政府甚至委任当地商号与清驻新加坡领事共同合作，执行销售官衔的工作，以及劝说当地侨胞参加国内之工商发展②。然而，不论怎样，一般说来，新加坡的中国移民在辛亥革命前夕，已对他们的祖国有了相当的关怀。即使那些受英文教育的海峡侨生，也在19—20世纪交替间，受清廷、改革派及革命党之大势力震荡下，对中国的政治产生了新的看法，他们不再对

---

① 在郭嵩焘推荐下，清廷于1877年10月31日在新加坡创立领事馆，并于同年11月9日任命胡璇泽为首任领事，见崔贵强《晚清官吏访问新加坡》，第17页。

② 欧阳昌大《新加坡华人对辛亥革命的反应》及 Yen Ching-hwang, *The Overseas Chinese and the 1911 Revolution with Special Reference to Singapore and Malaya*，都对此地华族与革命党及改革派关系有详细讨论，颜清湟在《清朝鬻官制度与星马华族领导层》一文中，对星马一带上层社会人士之支持清廷，有进一步的分析，参阅颜清湟著，张清江译《清朝鬻官制度与星马华族领导层（1877—1912）》；崔贵强《晚清官吏访问新加坡》，第25—29页；杨进发《战前星华社会结构与领导层初探》。

中国漠视，其中不少侨生甚至表示支持中国变法图强的种种措施，而与他们以往所轻视的中国，产生了认同感。当然，仍有许多认同当地社会的侨生，不管是支持中国或认同当地，居住新加坡的华人，毕竟有了政治意识的兴起。

3. 效忠中国政治意识之发展

辛亥革命的成功，引起了新加坡华侨的热烈反应，许多当初拥护清廷的人，都转而支持革命运动。1912 年时，国民党在新加坡之支部，负责推动在马来亚地区的党务工作，稍后并在槟城、吉隆坡等重要城市成立分部①。民国以后，国内发生排外运动时，常引发新加坡华侨的反响。新加坡华侨，通常在商会领导下，发动抵制外货的运动，以支持国内的同胞。自五四运动、"五三"惨案、"九一八"事变至"七七"卢沟桥事变，新加坡华侨都曾贡献出一份爱国力量，用以支持祖国的政府与民众，抵抗外侮。这些事件，一次又一次促进了新加坡华侨社会的团结，扩大了他们区域性的认同感，将他们的政治意识从爱家、爱乡土、爱个别的地区，提升到爱护整个民族的民族主义②。

这种对中华民族的政治认同，在 1937 年爆发的抗日战争中，充分表现出来。卢沟桥事变后，新加坡华侨迅速成立了新

---

① 据当地方宝成教授之研究，1912 年时，国民党在马来亚地区共有 30 个支部，参阅 Png Poh Seng, "The Kuomintang in Malaya, 1912 – 1941," p. 215。

② 有关星马地区华侨在响应祖国抵抗外侮的各项活动，参阅崔贵强《海峡殖民地华人对五四运动的反响》；王连三《济南惨案与星马华人》；陈万发《星马华族救国抗日运动（1931—32）》；李恩涵《星马华人的抗日救亡运动（1937—1941）》；Yoji Akashi, "The Nanyang Chinese Anti-Japanese and Boycott Movement, 1908 – 1928: A Study of Nanyang Chinese Nationalism"。

加坡华侨筹赈会，对中国的抗战，捐献大批金钱与物资，并且开展抵制日货运动，将销售日货的华人视为"汉奸"，有些不愿放弃销售日货的华人，甚至被"爱国分子"割掉耳朵①。

新加坡华侨对中国的政治认同，固然一方面是中国移民对当地政治不感兴趣，另一方面也因为当初的新加坡及邻近的马来西亚，都还不是个独立的国家。大部分中国移民没有当地的"国籍"，即使是"侨生"，亦只是殖民地政府的"国民"，而非"公民"，而绝大部分当地第一代移民，只是中国"侨居"当地的侨民而已，因而无法在政治上对当地政府作政治上的认同。直到1921年，马来亚地区（包括新加坡）共有120万左右的华人，出生在马来亚的不到1/4，因而大部分的华人对当地政治不感兴趣。而清末时期中国三大势力在这个地区的政治生活，不仅使新近由中国移入新加坡的侨民对中国产生了民族情感，且使原来漠视中国的侨生也感染了中国的民族主义色彩②。

在两次世界大战期间，新加坡华侨，一方面受中国国内政治发展而加强其对中国的关怀，这种对"祖国"的情感，不少学者认为系当地华文教育逐渐蓬勃的结果。由于当时的英殖民地政府对新加坡的华文教育管制不多，中文学校采用中国出版之教科书，此类教科书多半阐述中国的历史、地理、伦理观念，激发学生产生以"中国为效忠对象"的情感，学生在自中国大陆前来新加坡之爱国教师教导下，自然产生自认为"中国人"的观念。另一方面，由于日本资本及物品向南洋地区的发展，

---

① 有关新加坡华侨的抵制日货情形，参阅许秀聪《星马华族对日本的经济制裁（1937—1942）》。

② 例如：原来对中国相当冷漠的侨生林文庆，后来竟参加中国的革命运动。

引起星马地区华人社会的紧张，在日本商业上的竞争压力下，华侨社会产生强烈的反日情绪，而这种反日情绪与中国的爱国志士反对日本向中国的武力扩张的政治诉求相结合，以新加坡为主导力量的华侨社会产生一种抵抗外侮的民族主义意识，促进了当地华侨政治意识的成长①。

4．战后之新情势

第二次世界大战结束以后，新加坡华侨对中国的政治认同，受到了新兴的土著民族主义的挑战，而战后新加坡"华侨"，多半为第二代或第三代的华裔。大战期间，从中国移往新加坡的新客可说是几乎等于零，中华人民共和国的兴起，又断绝了日渐衰微的移民来源，在这种情形下，星马地区相继独立成为自主的国家，使这些华侨在获得居住地的公民权后，对居住国有了政治上的责任感而逐渐产生政治认同，他们不再自认为是中国居住在新加坡的侨民，因为他们已在情感上把新加坡当作他们的家乡，虽然在台湾地区的法律上，仍通称那些在海外居住具有中国血统的人为"华侨"，但一般新加坡的中国移民及其后裔，常自称为"华人"而已。

1965年，新加坡脱离马来西亚联合邦成为一独立国家，新加坡华人不愿再用"华侨"这两个字。固然因为在用"华侨"这个名词时，隐含有不把新加坡当作独立自主国的意思，更重

---

① 1924年，中国国民党改组后，采取反帝国主义的政策，极力倡导中国的国民革命运动，在星马地区的国民党支部，因而积极推动许多以中国为效忠目标的活动，中国国民党的活动，在1931年始被英殖民地政府强力压制，参阅 Hung-ting Ku, "Chinese Nationalism Versus British Colonialism: Malayan Chinese under Governor Clementi," *Journal of the South Seas Society*, Vol. 44, Parts 1 and 2, April 1989。

要的是新加坡的执政者，洞察周围政治、经济和社会环境后，深知"华侨"一词会为新加坡带来许多不便以及困扰，甚至强调"华人"的政治团体，亦有被邻国当作"华族沙文主义"之嫌。新加坡境内有75%的人口具有中国血统，另有马来、印度及白种人等少数民族，但新加坡却位于马来民族占多数的印尼与马来西亚两国之间。为促进与邻国的关系并团结境内的各民族，"华人"这个名词在新加坡，只当作社会成员的分类，而不涉及任何政治意识。事实上，新加坡政府一直在注意培养具有多种民族色彩的新加坡的形象，一再提醒它的人民，尤其是新加坡的华人，在国外必须自称为"新加坡人"。为了加深外国对新加坡为一多种民族的国家的印象，新加坡的政府，总是很巧妙的任命一位具有印度血统的人当外交部长；新加坡航空公司的空中小姐，也以穿着色彩鲜艳的马来女装出现在电视荧幕上①。

新加坡华人寻求其独立的政治认同意识，可追溯到第二次世界大战期间。自抗战胜利后，国共之间的冲突加剧，终而引发内战而导致原乡中国的分裂。剧烈的内战，曾引起星马地区华人社会的严重关切，不少"爱国侨胞"要求国共双方停止内战②。国土的分裂，造成不少居住于星马地区"中国人"政治认同上的困扰。同时，战后政治情势的新发展，更使这些"中国人"的政治认同意识复杂化。因为此时大部分的华人都已不再是"侨居"星马地区，而是长期定居在星、马。新兴的土著民族主义者，更对此地区的华人政治效忠问题形成压力，因而

---

① 新加坡政府明定"马来语"为其"国语"，而国歌也是以马来语写成。
② 左倾的新加坡侨领曾致电美国政府，要求美国立即从中国撤军，并停止军援国民政府，支持中国国民党之人士，则纷纷指责左倾人士的行动，参阅崔贵强《星马华人政治认同的转变（1945—1957）》，第54页。

早在1946年,便已有华人作家在新加坡的《南洋商报》呼吁当地华人:"……我们要运用政治去保障、增加和创造我们的幸福,为我们自己,也为我们的子孙,因为我们就是这里的主人,这里就是我们的故乡,我们没有别的'家'了。"[1]虽然当时绝大多数居住在星马地区的华人,仍希望在获得当地公民权之余,拥有中国国籍[2]。

1949年后,英国在承认中华人民共和国时,宣布中国国民党在星马地区的支部为非法团体,另外,英殖民地政府加强对马共势力之清除,为表示其对当地之效忠,不少前中国国民党党员参与且强调以星马地区为其活动场所之"马华公会"[3]。1956年,新加坡华人领袖陈六使曾告诫前往日本及中国的工商贸易代表团团员,要他们谨记"新加坡人"的身份[4]。

如果有人称新加坡为另一个"中国"的话,一定会受到严厉的批判,甚至有不少新加坡华人,在国外被人称为回国观光的华侨时,一再表示他是新加坡人,并彼此提醒"新加坡人"要在国外旅行时为他们自己的国家申辩。为了避免贻马来人口实,身为当时中文教育最高学府的南洋大学,将校园内原有之"新疆路""重庆路"等有中国色彩的路名全部改掉,南洋大学也自1975年开始,以英语作为教学媒介[5]。1979年时,曾有一位由台北前往新加坡南洋大学讲学的教授,在《中国时报》的

---

[1] 《南洋商报》1946年1月8日。
[2] 根据1947年一项由《南侨日报》的意见调查。见《南侨日报》1947年6月13日。
[3] 崔贵强:《星马华人政治认同的转变(1945—1957)》,第59页。
[4] 陈六使为南洋大学创办人,素以爱国著称,陈之谈话,见《南洋商报》1956年7月21日。
[5] 有关新加坡南洋大学之改制,参阅古鸿廷《星马华人政治与文化认同的困境——南洋大学的创立与关闭》。

一篇短文中，对新加坡稍有批评，这种个人对当地社会人情风俗的观察，立即遭到新加坡文人的围剿，身为南洋大学毕业生协会喉舌的《燎原报》，以标题指责该教授诽谤新加坡的国家名誉，迫使那位热心中文教育的教授提早返回台北①。新加坡华人的这种政治敏感，有时会令中国人感到惊讶。然而，如果我们进一步去观察他们的政治现状和环绕他们周围的国际环境，我们或可体会到他们为什么会那么恐惧带有政治色彩的字眼和可能引发种族冲突的名词。

　　与新加坡为邻的印尼和马来西亚，对新加坡的任何政治、社会文化和经济发展，都密切注意，采取几近监视的眼光，唯恐新加坡华人的"种族沙文主义"引发他们境内的华人少数民族对当地政局的不满。新加坡的执政者，也正在努力发展一种以新加坡为中心的政治意识与文化，以求消除邻国的猜忌。1979 年，中国的羽毛球队与印尼的羽毛球队在新加坡比赛，号称羽毛球王国的印尼，被中国代表队击败时，许多观众鼓掌喝彩。这种对优胜者的喝彩，却马上被印尼一般人民认为是新加坡人对原乡中国具有政治意识认同，由于印尼的报纸杂志大肆攻击，认为新加坡观众具有"华人沙文主义"，为了平息邻国印尼的愤怒，新加坡政府以及政府所左右的报纸，都"冷静客观"地解释观众的心理状态，而宣称新加坡人对印尼绝非歧视，同时，报纸再度呼吁人民冷静，并提醒人民"远亲不如近邻"的原则。尤有进者，羽球赛后，借着观众向新加坡球队的喝彩，再向印尼说明，新加坡人并不是对原乡中国表示政治意

---

① 《燎原报》第三卷第五期，1979 年 8 月。

识的认同①。

在政府的极力提倡，大众传播系统的重复灌输中，新加坡的人民，表面上看来，对他们的国家充满信心，一个具有朝气的"新加坡人"的形象似乎已被塑成。然而，这个被许多外人称羡的小国，是否真是那么样的完美，它的人民是否真是那么具备"新加坡人"的政治意识呢？似乎很值得我们作更深一步的探讨。

在新加坡，小学教育是免费却不是强迫性的，加上许多父母本身不会说英语，却将子弟送往英校小学念书②，只具小学毕业和小学肄业程度的英校生，长大后，成为"受过教育的文盲"。这种受过教育的文盲以及那些未受教育的文盲，在新加坡为数不少，他们对以"新加坡为中心"的政治意识形态的建立，是个相当大的障碍。

为了加强人民对国家的热爱，新加坡的教育方针强调当地的地方特色，中、小学的教科书，以新加坡为中心，对当地的人物、习俗、地理与历史十分重视③，例如，在中学的四年教育

---

① 不少华文学校毕业的学生，一再呼吁新加坡的华族居民，新加坡是一个多元种族的社会，为避免境内及邻国马来民族的猜忌，必须放弃华族沙文主义的观念。参阅《燎原报》第二号，1966年7月2日。有关新加坡的种族暴动，参阅 Foo Kim Leng, "The 1964 Singapore Riots," 1978年，作者以问卷方式向一百位南洋大学学生调查时，结果显示92%的学生选择中国为其最喜爱的"外国"，而100%自称是新加坡人或马来西亚人。

② 根据1984年《中国时报》的一项报道，新加坡华文小学的新生锐减，至1987年起，新加坡华文学校将不再存在，而将全部改为英文学校，见《中国时报》1984年2月20日。

③ 1953年，在星马的中华、商务、上海、世界、南洋等五家书店联合出版适合星马地区华文学校采用的课本，参阅丁莉英《新加坡华校课程及教科书的演进初探（1951—1972）》，第三章。

中，历史方面来说，有两年新加坡历史的课程①。这种为了培养人民的国家意识，强调本国的历史与文化，本来是相当自然而无可厚非的。然而，新加坡是个历史不算长的小国，它的人民又绝大多数是新近的"移民"及移民的第二代和第三代子孙，过分强调当地浅短的小国文化，一方面固然会很容易使学生产生"无根"的感觉，更可怕的是那种自以为是的"夜郎自大"心理的形成，使得一般"新加坡人"几乎没有心胸去接受任何外来的批评：恶意的指责固然极力驳斥，善意的评论，也无法忍受②，这种几近无根的强烈政治意识，恐难在一个社会、经济或政治危机的冲击下继续成长。

5. 讨论

早期移居新加坡的"中国人"，由于知识程度不高，经济条件亦不宽裕，又囿于尽量不涉及政治活动的传统，对"政治"相当冷漠，这种冷漠，在主、客观环境的改变下逐渐消除。在移民人数日渐增加，各级学校也因华人社会经济条件好转而又重视子女教育情形下，渐渐开设，华人社会知识程度的普遍提升，提供了政治意识兴起与成长的场所。

在客观条件改善后，受中国传统影响的华人群体，由于受到革命党、立宪派及清廷三方面各为其利益而采取的种种活动下，滋生"倾向中国"的政治意识。而受英殖民地文化影响的

---

① 新加坡国立大学的历史课程亦偏重星马历史及现代东亚史，对中国悠久的历史与文化只稍稍涉及。近年因社会价值变化太大，传统的中国伦理观念消失殆尽，为求社会稳定，新加坡政府再度提倡"儒家精神"，在缺乏中国传统历史与文化的环境中，所谓"儒家精神"能否为新加坡带来它所期望的结果，则仍待进一步的观察。

② 《燎原报》第三卷第五期，1979年8月。

"海峡侨生",则在当地英文教育培养下,产生一种认同英殖民地的政治意识。这两类人的政治活动目标与场所皆不相同,此两种政治认同也无冲突的必然性,因而,在大体上来说,两个群体皆能各自从事其心目中之政治活动,相安无事。然而,第二次世界大战后,新的政治情势严重影响两者之间的安稳局面,一方面,马来亚殖民地政府对中国的敌视,切断了新移民的来源以及"侨居"新加坡"中国人"返回家乡的希望,而英殖民地政府和以后独立之新加坡与马来西亚政府,皆采反共产主义政策,积极扫荡以华人为主的马共军队,迫使原来具有"效忠中国"政治意识的华人群体,逐渐放弃其原有之政治认同。新加坡独立后,境内"中国人"已成为"新加坡公民",在面对新兴的土著民族主义时,他们与"海峡侨生"采取同一步骤,认同于当地政治,促成以新加坡为政治效忠目标的政治意识急速成长。

由于新加坡的人口中,华人占绝大多数,他们以新加坡为效忠目标的政治意识,常被邻近之马来西亚及印尼视同"华族沙文主义",而"新加坡共和国"也常被邻国讥为"第三中国"。为避免马来人占多数人口的马来西亚及印尼的猜忌,新加坡除以"马来语"作为"国语"外,更以"英语"当作政府的行政语文,而将"中国语"作为人民的"第二语文"。在政治上,更培养一种几近排斥中国的政治意识,用以显示新加坡确为一个独立的国家。但是这种排斥中国的政治意识,与当地中华文化渊源相违背,为解决这种矛盾,新加坡政府不惜于1981年关闭当地中文教育的最高学府——南洋大学,期望"创造"出独立的"新加坡文化"及政治上与文化上完全认同新加坡的华人。

6. 结语

　　早期从中国移居新加坡的"中国人",对政治原本甚为冷淡;新一代的移民,在清廷、立宪派及革命党的种种努力下,产生"倾向中国"的政治意识;受英文教育的海峡侨生则在英殖民地教育熏陶下,认同于当地的政治。这种情形随着新加坡的独立而有所改变,为求生存,新加坡在受英文教育的海峡侨生领导下,积极将那些原来"倾向中国"的政治意识转变成"效忠新加坡"的政治意识。

参考书目

论文及期刊

陈金土:《从福建会馆创办南洋大学看新加坡华文教育中"商人、会馆、教育"的连锁关系》,南洋大学历史系荣誉学士学位论文,1970年。

陈孺性:《缅甸华侨史略》,《南洋文摘》,第五卷,第二期,1964年。

陈万发:《星马华族救国抗日活动(1931—32)》,南洋大学历史系荣誉学士学位论文,1971年。

陈昭成:《日本之大陆积极政策与九一八事变之研究》,台湾政治大学硕士学位论文,1966年。

程光裕:《林义顺的革命志业》,收入辛亥革命与南洋华人研讨会论文集编辑委员会,《辛亥革命与南洋华人研讨会论文集》,台北:政治大学国际关系研究中心,1986年。

崔贵强:《海峡殖民地华人对五四运动的反响》,《南洋学报》第二十卷,第一、二期,1965/1966年。

崔贵强:《晚清官吏访问新加坡》,《南洋学报》第二十九卷,第一、二期,1974年。

崔贵强：《星马华人政治认同的转变（1945—1957）》，《南洋学报》第三十二卷，第一、二期，1977年。

崔贵强：《中兴日报：新加坡同盟会的喉舌（1907—1910）》，收入辛亥革命与南洋华人研讨会论文集编辑委员会编《辛亥革命与南洋华人研讨会论文集》，台湾政治大学国际关系研究中心，1986年。

丁莉英：《新加坡华校课程及教科书的演进初探（1951—1972）》，南洋大学历史系荣誉学士学位论文，1973年。

郭振裘：《日货在南洋之倾销及对策》，《中南情报》第一卷，第六期，1934年8月。

何舒敏：《新加坡最早的华文日报——叻报（1881—1932）》，《南洋学报》第三十四卷，第一、二期，1979年。

黄寄萍：《南洋市场受日货倾销后的检讨》，《中南情报》第一卷，第六期，1934年8月。

李恩涵：《星马华人的抗日救亡运动（1937—1941）》，《南洋学报》第四十卷，第一、二期，1985年。

李国雄：《南洋华侨与民族主义之发展（1895—1911）》，收入辛亥革命与南洋华人研讨会论文集编辑委员会编《辛亥革命与南洋华人研讨会论文集》，台湾政治大学国际关系研究中心，1986年。

李庭辉：《马来亚华文教育（1894—1911）：早期华校的民族主义》，收入辛亥革命与南洋华人研讨会论文集编辑委员会编《辛亥革命与南洋华人研讨会论文集》，台湾政治大学国际关系研究中心，1987年。

廖建裕：《印尼华人的过去、现在与将来》，收入崔贵强、古鸿廷编《东南亚华人问题之研究》，（新加坡）教育出版社1974年版。

廖建裕：《印尼华人的教育——过去与现在》，谢国泉译，《南洋学报》第三十一卷，第一、二期，1977年。

林劲草：《日本的南进政策与南洋华侨经济的危机》，《华侨半月刊》，第四十三期，1934年3月。

林云谷：《日本南侵与暹罗》，《民族杂志》，第二卷，第八期，1934年8月。

刘士木：《日人藤山雷太氏的南进策》，《南洋研究》，第一卷，第一期，1928年。

刘士木：《亲日国之暹罗》，《华侨半月刊》，第四十一期，1934年2月。

刘士木：《日本经济南侵之猛进》，《海外月刊》，第十九期，1934年4月。

刘世昌：《中山先生与南洋》，收入辛亥革命与南洋华人研讨会论文集编辑委员会编《辛亥革命与南洋华人研讨会论文集》，台湾政治大学国际关系研究中心，1986年。

卢建业：《中日侨民之海外竞争》，《南洋研究》，第二卷，第五期，1928年。

吕芳上：《邓泽如与辛亥革命》，收入辛亥革命与南洋华人研讨会论文集编辑委员会编《辛亥革命与南洋华人研讨会论文集》，台湾政治大学国际关系研究中心，1986年。

［日］木村增太郎：《日本南进策》，刘士木译，《南洋研究》，第二卷，第五期，1928年。

［日］木村增太郎：《日本人眼中之南洋华侨》，刘士木译，《南洋研究》，第三卷，第六期，1931年。

欧阳昌大：《新加坡华人对辛亥革命的反应》，收入柯木林、吴振强编《新加坡华族史论集》，南洋大学毕业生协会，1972年。

沈瑞英:《南洋华侨中学之创建》,《南洋大学亚洲文化研究所研究报告集刊》,南洋大学亚洲文化研究所,1975年。

石崖:《南大过去的一段历史》,《绿洲双月刊》第五期,1979年2月。

王赓武:《华人、华侨与东南亚史》,收入崔贵强、古鸿廷主编《东南亚华人问题之研究》,(新加坡)教育出版社1974年。

王连三:《济南惨案与星马华人》,南洋大学历史系荣誉学士论文,1977年。

魏振华:《国人应注意严重的南洋华侨问题》,《南洋情报》第一卷,第八期,1933年3月。

吴振钦:《陈嘉庚的政治活动(1945—1950)》,南洋大学荣誉学士学位论文,1977年。

武井裕:《胸中雪亮的南进略谈》,刘士木译,《南洋研究》,第三卷,第二期,1930年。

许秀聪:《星马华族对日本的经济制裁(1937—42)》,收入柯木林、吴振强编《新加坡华族史论集》,南洋大学毕业生协会,1972年。

许秀聪:《星马华族对日本的经济制裁(1937—42)》,新加坡:南洋大学荣誉学士学位论文,1972年。

薛君度:《两次世界大战间的英属马来亚》,颜清湟译,《南洋学报》第十八卷,第一、二期,1962/1963年。

颜清湟:《辛亥革命与南洋华人》,收入辛亥革命与南洋华人研讨会论文集编辑委员会编《辛亥革命与南洋华人研讨会论文集》,台湾政治大学国际关系研究中心,1986年。

颜清湟:《清朝鬻官制度与星马华族领导层(1877—1912)》,张清江译,收入柯木林、吴振强编《新加坡华族史论集》,南洋大学毕业生协会,1972年。

杨进发：《民族资本家林秉祥与和丰公司》，《南洋文摘》，第十一卷，第十二期，1970年。

杨进发：《山东筹赈会与陈嘉庚》，收入崔贵强、古鸿廷合编《东南亚华人问题之研究》，（新加坡）教育出版社1974年版。

杨进发：《辛亥革命与星马华族的国民党运动（1912—1925）》，收入辛亥革命与南洋华人研讨会论文集编辑委员会编《辛亥革命与南洋华人研讨会论文集》，台湾政治大学国际关系研究中心，1986年。

叶绍纯：《日本勾结暹罗与暹罗排斥华侨的前因后果》，《南洋情报》第一卷，第八期，1933年3月。

张健甫：《暹罗排华与日暹关系》，《华年周刊》，第四卷，第三十八、三十九期，1935年9月、10月。

张中训：《清嘉靖年间闽浙海盗组织研究》，中国海洋发展史论文集编辑委员会主编《中国海洋发展史论文集》第二辑，"中央"研究院"三民主义"研究所，1986年。

郑良树：《华人文化与马来亚华人》，《新社学术论文集》第二辑，（新加坡）新社1972年版。

朱德兰：《清初迁界令时中国船海上贸易之研究》，中国海洋发展史论文集编辑委员会主编《中国海洋发展史论文集》第二辑，"中央"研究院"三民主义"研究所，1986年。

朱蒂：《华侨在南洋之经济势力》，《南洋研究》，第三卷，第二期，1930年。

《国闻周刊》，第二卷，十八期，1925年。

《燎原报》1974年至1980年。

《中央党务月刊》1930年至1931年。

《石叻总汇新报》1927年1月至12月。

《南洋商报》1927年5月，1977年，1980年。

《新国民日报》1925年1月至1927年5月。

《叻报》1920年1月至1930年12月。

《南侨日报》1947年6月。

《星洲日报》1937年6月至1980年12月。

专书部分

［英］巴素：《东南亚之华侨》，郭湘章译，正中书局1968年版。

［英］巴素：《马来亚华侨史》，刘前度译，槟榔屿光华日报社1950年版。

陈嘉庚：《南侨回忆录》，新加坡：福州集美校友会，1950年。

陈烈甫：《东南亚洲的华侨、华人与华裔》，正中书局1979年版。

陈稚农主编：《新加坡两湖会馆庆祝廿周年纪念及筹募新会所基金游艺大会特刊》，新加坡两湖会馆，1967年。

崔贵强、古鸿廷编：《东南亚华人问题之研究》，（新加坡）教育出版社1974年版。

道南学校：《新加坡福建会馆属下道南学校六十周年纪念特刊》，新加坡道南学校，1967年。

段云章、邱捷：《孙中山与中国近代军阀》，四川人民出版社1989年版。

［日］多贺秋五郎编：《近代中国教育史资料》，文海出版社1976年版。

方显：《星马史》，（新加坡）世界书局1970年版。

冯承钧：《中国南洋交通史》，商务印书馆1937年版。

冯玉祥：《我的生活》，上海教育书店1947年版。

冯自由：《革命逸史》，台湾商务印书馆1971年版。

傅启学：《中国外交史》，台湾商务印书馆1987年版。

《汉书》，中华书局1962年版。

江炳伦：《政治文化研究导论》，正中书局1983年版。

蒋良骐、王先谦编：《十二朝东华录》，文海出版社1963年版。

柯木林、吴振强编：《新加坡华族史论集》，南洋大学毕业生协会，1972年版。

林家有、周兴樑：《孙中山与国共第一次合作》，四川人民出版社1989年版。

林水檺、骆静山合编：《马来西亚华人史》，马来西亚留台校友会联合总会，1984年。

刘果因：《马来亚华人社会》，槟城嘉应会馆，1974年。

罗家伦：《革命文献》第八辑，中国国民党"中央"委员会党史资料编纂委员会，1968年。

南洋大学：《南洋大学创校十周年纪念特刊》，南洋大学，1966年。

南洋大学：《南洋大学创校史》，南洋大学，1956年。

南洋大学：《南洋大学概况，1974—1975》，南洋大学，1974年。

南洋大学：《南洋大学概况，1975—1976》，南洋大学，1975年。

南洋大学毕业生协会：《南洋大学毕业生协会成立十周年纪念特刊》，南洋大学毕业生协会，1975年。

南洋大学南洋研究所编：《南洋研究中文期刊资料索引》，南洋大学南洋研究所，1968年。

南洋大学亚洲文化研究所：《南洋大学亚洲文化研究所研究报告集刊》，南洋大学亚洲文化研究所，1975年。

南洋华侨中学：《华中金禧纪念册》，南洋华侨中学，1969年。

南洋客属总会：《南洋客属总会第三十五、三十六周年纪念刊》，南洋客属总会，1967年。

南洋女子中学：《南洋女子中学五十周年纪念特刊》，南洋女子中学，1967年。

钱鹤编：《南洋华侨学校之调查与统计》，暨南大学南洋文化事业部1930年版。

丘斌存：《华侨双重国籍之治本原理》，台北丘祝元，1957年印。

宋哲美：《星马教育研究集》，（香港）东南亚研究所1974年版。

唐青：《新加坡华文教育》，华侨教育丛书编辑委员会，1954年。

王赓武：《南洋华人简史》，张奕善译，台北水牛出版社1967年版。

温州会馆：《新加坡温州会馆四十周年纪念特刊》，新加坡温州会馆，1963年。

吴华：《新加坡华族会馆志》，南洋学会1975年版。

吴剑雄：《海外移民与华人社会》，允晨文化事业股份有限公司1993年版。

吴主惠：《华侨本质之分析》，台北黎明文化1983年版。

辛亥革命与南洋华人研讨会论文集编辑委员会编：《辛亥革命与南洋华人研讨会论文集》，台湾政治大学国际关系研究中心，1986年。

新加坡茶阳会馆：《新嘉坡茶阳会馆百年纪念刊》，新加坡茶阳会馆，1958年。

新加坡华人会馆沿革史编辑委员会：《新加坡华人会馆沿革史》，新加坡宗乡会馆联合总会与国家档案馆，1986年。

星洲日报社编：《星洲十年（经济）》，文海出版社 1977 年版。

星洲日报社编：《星洲十年（政治、市政）》，文海出版社 1977 年版。

许甦吾：《新嘉坡华侨教育全貌》，（新加坡）南洋书局 1950 年版。

杨进发：《战前星华社会结构与领导层初探》，南洋学会，1981 年。

张朋园：《立宪派与辛亥革命》，"中央"研究院近代史研究所，1983 年。

张正藩：《华侨教育综论》，台湾商务印书馆 1970 年版。

张正藩：《近六十年南洋华侨教育史》，"中央"文物供应社，1956 年。

[日] 长野朗：《中华民族之国外发展》，黄昭琴译，暨南大学南洋文化事业部 1929 年版。

中国国民党中央委员会第三组编：《中国国民党在海外》，中国国民党"中央"委员会，1961 年。

周胜皋编：《海外华文学校教育》，侨务委员会，1969 年。

周锡瑞：《改良与革命》，杨慎之译，台北华世出版社 1986 年版。

朱镜宙：《英属马来半岛》，文海出版社 1977 年版。

祝秀侠主编：《华侨名人传》，中华文化出版事业委员会，1955 年。

日本内阁企划院：《華僑の研究》，东京松山房 1939 年版。

野村汀生：《南洋の五十年：シンガポールを中心に同胞活躍》，（新加坡）南洋及日本人社，1937 年。

[日] 中岛崇一：《英領馬来・緬甸及濠洲に於ける華僑》，满铁东亚经济调查局，1941 年。

档　案

《一九七〇年马来亚税务局常年报告书》，吉隆坡，1974年。

《侨务委员会中执会海外部侨务纠纷案（1938—40）》，《国史馆》藏。

《海外被逐华侨回国留京同志会周年纪念刊》，中国国民党党史会档案1—482/352，1934年。

《中国国民党南洋吉隆坡分部职员党员一览表》，中国国民党党史会档案482/5，1924年1月。

《中国国民党中央执行委员会海外部报告书》，党史会档案002/50，1925年1月。

《中国国民党中央执行委员会南洋总支部报告书》，党史会资料002/21，1932年10月。

《中国国民党驻南洋英属新加坡第二分部党史》，中国国民党党史会档案002/21，1932年12月。

《中国国民党新加坡支部第一分部历年沿革史》，中国国民党党史会档案002/33，1935年6月。

Books, Documents and Newspapers

Akashi, Yoji. *The Nanyang Chinese National Salvation Movement, 1937 – 1941.* Lawrence, University of Kansas Press, 1970.

Benda, H. J. and J. A. Larkin. *The World of Southeast Asia.* New York: Harper & Row, Publishers, 1967.

Chelliah, D. D. *A History of Educational Policy of the Straits Settlements. Kuala Lumpur: The Government Press, 1947.

Chen, Mong Hock. *The Early Chinese Newspapers of Singapore, 1881 – 1912*. Singapore: University of Malaya Press, 1967.

Chou, Tse-tsung. *The May Fourth Movement: Intellectual Revolution in Modern China*. Stanford: Stanford University Press, 1967.

Chui, Kwei-chiang. *The Response of the Malayan Chinese to Political and Military Developments in China*. Singapore: Nanyang University Press, 1977.

Communism in the Nanyang University (Kuala Lumpur: The Government Printing Office, 1964)

Cowan, C. D. & O. W. Wolters, ed. *Southeast Asian History and Historiography: Essays Presented to D. G. E. Hall*. Ithaca, New York: Cornell University Press, 1976.

Deutsch, Karl. *Nationalism and Social Communication*. Boston: M. I. T Press, 1953.

Fairbank, John K., Edwin O. Reischauer and Albert M. Craig, ed. *East Asia: The Modern Transformation*. Boston: Houghton Mifflin Co., 1965.

Feith, H. and Lance Castles, ed. *Indonesian Political Thinking, 1945 – 1965*. Ithaca, New York: Cornell University Press, 1970.

Hanrahan, Gene. *The Communist Struggle in Malaya*. Kuala Lumpur: University of Malaya Press, 1971.

Iriye, Akira. *After Imperialism: The Search for a New Order in the Far East, 1921 – 1931*. Cambridge: Harvard University Press, 1965.

Israel, John. *Student Nationalism in China, 1927 – 1937*. Stanford:

Stanford University Press, 1966.

Kohn, Hans. *Nationalism: Its Meaning and History*. New York: D. Van Nostrand Co., 1955.

Lee, Bradford A. *Britain and the Sino-Japanese War, 1937–1939: A Study in the Dilemmas of British Decline*. London: Oxford University Press, 1973.

Lee, Ting Hui. *The Communist Organization in Singapore, 1948–66*. Singapore: Institute of Southeast Asian Studies, 1976.

Lipset, Seymour M. and Richard Hofstadter, ed. *Sociology and History: Methods*. New York: Basic Books, 1968.

Mackie, J. A. C. *The Chinese in Indonesia: Five Essays*. Honolulu: University Press of Hawaii, 1976.

McLane, Charles. *Soviet Strategies in Southeast Asia: An Exploration of Eastern Policy under Lenin and Stalin*. Princeton: Princeton University Press, 1966.

Nair, C. V. Devan, ed. *Socialism that Works*. Singapore: Federal Publications, 1976.

Oong, Hak Ching. *Chinese Politics in Malaya 1942–55: The Dynamics of British Policy*. Bangi, Selangor: Penerbit Universiti Kebangsaan Malaysia, 2000.

Purcell, Victor. *The Chinese in Malaya*. London: Oxford University Press, 1967.

The Chinese in Modern Malaya. Singapore: Eastern Universities Press, 1956.

The Chinese in Southeast Asia. Kuala Lumpur: Oxford University Press, 1967.

Quine, W. V. *Methods of Logic*, *Revised Edition*, London: Routledge & Kegan Paul PLC, 1974.

Schrecker, John. *Imperialism and Chinese Nationalism: Germany in Shantung.* Cambridge, Mass.: Harvard University Press, 1971.

Simoniya, N. A. *Overseas Chinese in Southeast Asia: A Russian Study.* Ithaca, New York: Cornell University, 1961.

Skinner, G. W. *Chinese Society in Thailand: An Analytical History.* Ithaca: Cornell University Press, 1957.

Smith, Daniel. *Major Problems in American Diplomatic History.* Boston: D. C. Heath & Co., 1964.

Somers, Mary F. Peranakan Chinese Politics in Indonesia. Ithaca, New York: Cornell University, 1964.

Suryadinata, Leo. *Peranakan Chinese Politics in Java, 1917 – 1942.* Singapore: Institute of Southeast Asian Studies, 1976.

Tan, Antonio S. *The Chinese in the Philippines, 1898 – 1935: A Study of their National Awakening.* Quezon City, Philippines: R. P. Garcia Publishing Co., 1972.

Tan, Chee Beng. *The Baba of Melaka.* Selangor: Pelanduk Publications, 1988.

Tregonning, K. G. *Papers on Malayan History*, Singapore: Journal South-East Asian History, 1962.

Uchida, N. *The Overseas Chinese: A Bibliographical Essay.* Stanford: Stanford University, 1959.

Vlieland, C. A. *British Malaya: A Report on the 1931 Census.* London: Malaya Information Agency, 1932.

Wertheim, W. F. *East-West Parallels: Sociological Approaches to Modern Asia.* Chicago: Quadrangle Books, 1965.

Williams, Lea E. *Overseas Chinese Nationalism: the Genesis of the Pan-Chinese Movement in Indonesia, 1900 – 1916*. Glencoe, Illinois: The Free Press, 1960.

Yen, Ching-hwang. *The Overseas Chinese and the 1911 Revolution with Special Reference to Singapore and Malaya*. Kuala Lumpur: Oxford University Press, 1976.

Colonial Office Records, Series 273 (C. O. 273), 1930 – 41.

Proceedings of the Legislative Council. Singapore: The Government Press, 1930.

Report of the Nanyang University Commission. Singapore: The Government Printing Office, 1959.

Annual Report of the Chinese Protectorate, 1930 – 1934 (Singapore: 1930 – 1934)

Straits Settlements Annual Report, 1931.

Straits Settlements Annual Report, 1932.

The Asian Wall Street Journal, October 28, 29, 1987.

The NUS Campus News, No. 2, October 1980.

The Straits Times, 1927 – 1980.

Articles and Unpublished Theses

Akashi, Yoji. "A Summary of The Nanyang Chinese and the Manchurian Incident (南洋華僑と満州事変)," *Southeast Asia: History and Culture*, No. 1, 1971.

"The Nanyang Chinese Anti-Japanese and Boycott Movement, 1908 – 1928: A Study of Nanyang Chinese Nationalism," *Journal of the South Seas Society*, Vol. 23, Parts 1&2, 1968.

Assaat. "The Chinese Grip on Our Economy," in H. Feith and Lance Castles, ed., *Indonesian Political Thinking*, 1945 – 1965. Ithaca, New York: Cornell University Press, 1970.

Chong, Chue Hoe Joseph. "The Chinese Consul Generals' Activities in Singapore, 1930 – 1941," Singapore: Nanyang University, B. A. Honours Thesis, 1979.

Chu, Tee Seng. "The Singapore Chinese Protectorate, 1900 – 1941," *Journal of South Seas Society*, Vol. 26, Part 1, 1971.

Foo, Kim Leng. "The 1964 Singapore Riots," Singapore: National University of Singapore, B. A. Honours Thesis, 1980.

Fu, Mui Kim. "The Kuomintang in Malaya, 1930 – 1934," Singapore: University of Singapore, B. A. Honours Thesis, 1976.

Goodman, Nelson. "The Problem of Counterfactual Conditioinals," *Journal of Philosophy*, Vol. 44, 1974.

Gubler, Greg. "The Pre-Pacific War Japanese Community in Singapore," Pravo, Utah: Brigham Young University, M. A. Thesis, 1972.

Gwee, Yee Hean. "Chinese Education in Singapore," *Journal of the South Seas Society*, Vol. 25, Part 2, 1970.

Hsieh, Chün-Tu. "British Rule in Malaya 1919 – 1939," *Journal of the South Seas Society*, Vol. 18, Parts 1&2, 1964.

Jones, Alun. "Internal Security in British Malaya, 1895 – 1942," New Haven: Yale University, Ph. D. Dissertation, 1970.

Kee, Yeh Siew. "The Japanese in Malaya before 1942," *Journal of the South Seas Society*, Vol. 20, 1966.

Ku, Hung-Ting. "Chinese Nationalism Versus British Colonialism: Malayan Chinese under Governor Clementi," *Journal of the South Seas Society*, Vol. 44, Parts 1 and 2, April 1989.

"The Merchants versus Government: The Canton Merchants' Volunteer Corps Incident," *Journal of the Royal Society for Asian Affairs*, Vol. 65, Part 3, October 1978.

"Urban Mass Movement: The May Thirtieth Movement in Shanghai," *Modern Asian Studies*, Vol. 13, No. 2, April 1979.

Lee, Ah Chai (Lee Ting Hui). "Policies and Politics in Chinese Schools in the Straits Settlements and the Federated Malay States, 1986 – 1941," Singapore: University of Malaya in Singapore, M. A. Thesis, 1957.

Leong, Stephen. "The Kuomintang-Communist United Front in Malaya during the National Salvation Period, 1937 – 1941," *Journal of the Southeast Asian Studies*, Vol. 8, No. 1, March, 1977.

Pang, Wing Seng. "The 'Double-Seventh' Incident, 1937: Singapore Chinese Response to the Outbreak of the Sino-Japanese War," *Journal of Southeast Asian Studies*, Vol. 4, No. 2, 1973.

Png, Poh Seng. "The Kuomintang in Malaya, 1912 – 1941," in K. G. Tregonning, ed. *Papers on Malayan History*. Singapore: Journal South-East Asian History, 1962.

Sim, Evelyn Cher Lan. "The Kuomintang-Communist United Front in Malaya, 1924 – 27," Singapore: Nanyang University, B. A. Academic Exercise, 1974.

Tan, Bee Bee. "The Impact of the Great Depression on Chinese in Malaya and Singapore, 1929 – 1934," Singapore: Nanyang University B. A. Honours Thesis, 1980.

The, Siauw Giap. "Group Conflict in a Plural Society," *Revue du Sud-Est Asiatigue*, Vol. 2, 1966.

Wang, Gungwu. "Chinese Politics in Malaya," *The China Quarterly*,

No. 43, July-September, 1970.

"Political Chinese: An Aspect of their Contribution to Modern Southeast Asian History," in Bernhard Grossmann ed., *Southeast Asia in the Modern World*. Wiesbaden: Otto Harrassowitz, 1972.

"Sun Yat-Sen and Singapore," *Journal of the South Seas Society*, Vol. 15, Part 2, December, 1959.

"The Limits of Nanyang Chinese Nationalism, 1912 – 1937," in C. D. Cowan and W. Wolters, ed., *Southeast Asian History and Historiography: Essays Presented to D. G. E. Hall*. Ithaca, New York: Cornell University Press, 1976.

"The Nanhai Trade," *Journal of the Malayan Branch of Royal Asiatic Society*, Vol. 31, Part 2, June, 1958.

Williams, Lea E. "Some Japanese Sources on Malayan History," *Journal of Southeast Asian History*, Vol. 4, Part 2, 1963.

Yen, Ching-hwang. "Early Fukianese Migration and Social Organization in Singapore & Malaysia before 1900," in Pin-tsun Chang and Shih-chi Liu, *Essays in Chinese Maritime History*, Vol. 5. Taipei: Sun Yat-sen Institute for Social Science and Philosophy, Academia Sinica, 1993.

Yeo, Hwee Joo. "The Chinese Consulate-General in Singapore, 1911 – 1941," *Journal of the South Seas Society*, Vol. 41, Parts 1 & 2, 1986.

Yong, C. F. "Pang, Pang Organizations and Leadership in the Chinese Community of Singapore during the 1930s," *Journal of the South Seas Society*, Vol. 32, 1977.

Yuen, Choy Leng. "Expansion of Japanese Interests in Malaya, 1900 – 1941," Kuala Lumpur: University of Malaya, M. A. Thesis, 1973.

Yung, Yuet Hing. "Contributions of the Chinese to Education in the Straits Settlements and the Federated Malay States, 1900 – 1941," Kuala Lumpur: University of Malaya, M. A. Thesis, 1967.